DIFERENÇA ENTRE A FILOSOFIA DA NATUREZA DE DEMÓCRITO E A DE EPICURO

Karl Marx

DIFERENÇA ENTRE A FILOSOFIA DA NATUREZA DE DEMÓCRITO E A DE EPICURO

Tradução
Nélio Schneider

Apresentação
Ana Selva Albinati

© Boitempo, 2018

Traduzido do original em alemão *Differenz der demokritischen und epikureischen Naturphilosophie nebst einem Anhange*, em Karl Marx, *Werke, Artikel, Literarische Versuche bis März 1843* (MEGA-2 I/1, Berlin, Dietz, 1975), p. 5-92 (texto) e 879-962 (aparato).

Direção editorial	Ivana Jinkings
Edição	Bibiana Leme
Coordenação de produção	Livia Campos
Assistência editorial	Thaisa Burani
Assistência de produção	Camila Nakazone
Tradução	Nélio Schneider
Preparação	Thais Rimkus
Revisão	Thaís Nicoleti de Camargo
Capa	Antonio Kehl
	(sobre ilustração de Gilberto Maringoni)
Diagramação	Crayon Editorial
	(p. 2: detalhe de "Karl Marx conversa com trabalhadores franceses em 1844", pintura a óleo de Hans Mocznay, 1961)

Equipe de apoio: Allan Jones, Ana Yumi Kajiki, André Albert, Artur Renzo, Camilla Rillo, Eduardo Marques, Elaine Ramos, Frederico Indiani, Heleni Andrade, Isabella Barboza, Isabella Marcatti, Ivam Oliveira, Kim Doria, Marlene Baptista, Maurício Barbosa, Renato Soares, Thaís Barros, Tulio Candiotto

CIP-BRASIL. CATALOGAÇÃO NA PUBLICAÇÃO
SINDICATO NACIONAL DOS EDITORES DE LIVROS, RJ

M355d

Marx, Karl, 1818-1883
  Diferença entre a filosofia da natureza de Demócrito e a de Epicuro / Karl Heinrich Marx ; tradução Nélio Schneider. - 1. ed. - São Paulo : Boitempo, 2018.
  (Marx-Engels)

  Tradução de: Differenz der demokritischen und epikureischen naturphilosophie
  Inclui cronologia
  ISBN 978-85-7559-603-6

  1. Filosofia da natureza. 2. Democritus. 3. Epicurus. I. Schneider, Nélio. II. Título. III. Série.

17-46353
CDD: 113
CDU: 133

É vedada a reprodução de qualquer parte deste livro sem a expressa autorização da editora.

1ª edição: janeiro de 2018
1ª reimpressão: março de 2020; 2ª reimpressão: maio de 2022

BOITEMPO
Jinkings Editores Associados Ltda.
Rua Pereira Leite, 373
05442-000 São Paulo SP
Tel.: (11) 3875-7250 / 3875-7285
editor@boitempoeditorial.com.br
boitempoeditorial.com.br | blogdaboitempo.com.br
facebook.com/boitempo | twitter.com/editoraboitempo
youtube.com/tvboitempo | instagram.com/boitempo

SUMÁRIO

Nota da edição 7

Apresentação à edição brasileira – *Ana Selva Albinati* 9

DIFERENÇA ENTRE A FILOSOFIA DA NATUREZA
DE DEMÓCRITO E A DE EPICURO 17

Prefácio 21

Prefácio 25

PRIMEIRA PARTE: Diferença entre a filosofia da natureza de
Demócrito e a de Epicuro em termos gerais 27

    I. Objeto do tratado 29

    II. Pareceres sobre a relação entre a física de Demócrito e
    a de Epicuro 33

    III. Dificuldades quanto à identidade da filosofia da natureza
    de Demócrito e a de Epicuro 37

    [IV. Diferença fundamental geral entre a filosofia da natureza
    de Demócrito e a de Epicuro] 55

    [V. Resultado] 67

SEGUNDA PARTE: Diferença entre a filosofia da natureza de
Demócrito e a de Epicuro em termos específicos 69

    Capítulo I: A declinação do átomo da linha reta 71

    Capítulo II: As qualidades do átomo 85

    Capítulo III: Ἄτομοι ἀρχαί e ἄτομα στοιχεῖα 95

Capítulo IV: O tempo 103
Capítulo V: Os meteoros 111

Apêndice: Crítica à polêmica de Plutarco contra a teologia de Epicuro 127
I. A relação entre ser humano e Deus 129
[II. A imortalidade individual] 135

Cronologia resumida de Marx e Engels 137

Coleção Marx-Engels 150

NOTA DA EDIÇÃO

Esta obra, a 24ª que a Boitempo publica pela coleção Marx-Engels, tem algumas características que a diferenciam do conjunto dos escritos de Karl Marx. Em primeiro lugar, trata-se de um trabalho rigorosamente acadêmico, que se aprofunda no estudo crítico das bases da filosofia grega antiga; em segundo, trata-se de um volume incompleto, do qual grandes trechos se perderam com o passar dos anos. Escrito de agosto de 1840 até março de 1841, após estudos preparatórios no decorrer do ano de 1839, o texto que o leitor agora tem em mãos foi aceito como tese de doutoramento de Karl Marx pela Universidade de Jena. O autor fez duas tentativas de publicá-lo na forma de livro, como se vê pelos prefácios, mas, por razões que se desconhecem, o projeto permaneceu inconcluso e, com isso, seu suporte material sofreu pelas condições precárias de conservação. O texto de que dispomos atualmente é baseado em cópia feita por alguém desconhecido com base em um manuscrito de Marx que não se conservou. Essa cópia foi revisada e complementada pelo próprio Marx. Mesmo com lacunas, a obra é de grande relevância para a compreensão do pensamento de Karl Marx, no que diz respeito tanto ao seu método como à sua formação intelectual e filosófica.

Traduzido por Nélio Schneider, especialista não apenas em alemão, mas em latim e grego, o texto é uma pequena obra de arte da filologia. A fim de preservar da melhor forma possível todo seu rigor, junto com sua versão para o português foram mantidas as citações originais. Será possível ao leitor perceber algumas divergências entre a tradução proposta por Marx para citações de autores antigos no texto principal e a tradução moderna apresentada nas notas de rodapé. Ocorre também que o próprio Marx, em vários momentos, traduz a mesma passagem

Nota da edição

do grego ou do latim com palavras diferentes, opção que se optou aqui por respeitar, como de praxe nas obras da coleção Marx-Engels. O restante dos critérios de edição segue igual aos dos outros volumes da coleção: as notas do autor estão numeradas; as da edição alemã, "(N. E. A.)", do tradutor, "(N. T.)", e da edição brasileira, "(N. E.)", são indicadas com asteriscos ou, caso complementem uma nota do autor, aparecem como acréscimos entre colchetes. Também entre colchetes aparecem os acréscimos editoriais ao longo do texto principal de Karl Marx.

Por falar em "Karl Marx", o leitor atento perceberá um detalhe curioso à página 17: à tradicional grafia do nome do autor acrescenta-se desta vez um nome do meio, "Karl Heinrich Marx". De acordo com o estudioso alemão Michael Heinrich, autor de uma biografia de Marx que em breve será publicada pela Boitempo, "no registro de nascimentos da cidade de Trier consta simplesmente 'Carl Marx'. Assim como na certidão de casamento e no regime matrimonial de bens, assinado com sua esposa, Jenny". O "K" em vez do "C" em "Karl" foi a opção mais usada pelo autor ao longo de toda a vida (embora com variações), porém "Heinrich" só foi utilizado por ele em seus anos de estudo universitário. Ainda segundo o biógrafo,

> o pai de Karl se chamava Heinrich e, quando Karl Marx se matriculou na Universidade de Bonn, em 1835, para estudar direito, ele indicou o nome Karl Heinrich Marx. Não sabemos se ele queria, com isso, homenagear o pai. Karl Marx, que nessa época era muito mais interessado por poética do que por direito, queria, na verdade, tornar-se poeta. Talvez o mero "Karl" lhe fosse simples demais, "Karl Heinrich" tinha um pouco mais de força.

Com esta edição, que apresenta, portanto, quase um outro Marx, colaboraram os professores de filosofia Ana Selva Albinati, autora da apresentação à edição brasileira, e Rodnei Nascimento, autor do texto de orelha, além do ilustrador Gilberto Maringoni, autor do jovem Marx que estampa a capa deste volume. A Boitempo agradece a eles e a todos que, de uma forma ou de outra, participaram desta publicação: tradutor, revisoras, diagramadoras e sua sempre aguerrida equipe interna. A editora é grata ainda à equipe da MEGA-2, em especial a seu diretor-executivo, Gerald Hubmann.

APRESENTAÇÃO À EDIÇÃO BRASILEIRA
Ana Selva Albinati

Diferença entre a filosofia da natureza de Demócrito e a de Epicuro foi o título dado por Marx à sua tese de doutoramento, em 1841, quando tinha apenas 23 anos. Encontrado incompleto, este trabalho mantém sua importância tanto pela abordagem original da filosofia pós-aristotélica quanto pelo que revela das inquietudes do jovem Marx frente ao seu tempo e à filosofia pós-hegeliana.

O interesse do autor pelas escolas pós-aristotélicas se dá pelo reconhecimento de que, em seu conjunto, elas contêm a "construção completa da autoconsciência"[1]. Observa Marx:

> Parece-me que, ao passo que os sistemas mais antigos são mais significativos e mais interessantes pelo conteúdo, os pós-aristotélicos – sobretudo o ciclo das escolas epicurista, estoica e cética – o são pela forma subjetiva, pelo caráter da filosofia grega. Só que, até agora, justamente a forma subjetiva, suporte espiritual dos sistemas filosóficos, foi quase totalmente esquecida em função de suas determinações metafísicas.[2]

Enfatizando tais sistemas como arquétipos que migraram para Roma, o autor chama a atenção para o fato de que "o próprio mundo moderno foi obrigado a lhes conceder cidadania intelectual plena"[3], numa alusão ao princípio da subjetividade que caracteriza a moderni-

---

[1] Ver, neste volume, p. 31.
[2] Idem.
[3] Ver, neste volume, p. 30.

Apresentação à edição brasileira

dade. Para Marx, longe de serem "um suplemento quase inconveniente"[4] da filosofia aristotélica, esses sistemas filosóficos são passíveis de uma real compreensão apenas na modernidade: "Só agora chegou a época em que será possível entender os sistemas dos epicuristas, dos estoicos e dos céticos. Trata-se da filosofia da autoconsciência"[5], que assume uma grande relevância nesse primeiro momento da trajetória intelectual de Marx, marcado pela atmosfera teórica do idealismo ativo. A própria sugestão do tema teria sido, de acordo com vários comentadores, de Bruno Bauer.

Tal projeto não teve o desenvolvimento previsto, limitando-se o autor ao estudo da relação entre a física de Demócrito e a de Epicuro, instigado pela questão de como esses pensadores poderiam ser personalidades tão distintas entre si e apresentar compreensões da realidade tão diversas, se partiam do mesmo princípio, o atomismo. Analisando a concepção de átomo em ambos os autores, Marx foi capaz de reconstruir dois blocos filosóficos distintos, sistemáticos e coerentes, num trabalho notável de escavação dos princípios.

Distinguindo em traços largos as duas filosofias, na primeira parte da tese Marx nos revela um Demócrito angustiado e cético e um Epicuro dogmático e satisfeito, traços de personalidade compreensíveis pela maneira como concebiam a realidade e o conhecimento. Na segunda parte, Marx adentra nas diferenças específicas na concepção dos átomos e contesta a leitura consolidada segundo a qual o epicurismo seria um mero plágio da filosofia de Demócrito que não trazia maiores contribuições e que, inclusive, deturpava o modelo original. Nesse empenho, joga luz nos elementos distintivos do pensamento de Epicuro, cujo coroamento é a afirmação da autoconsciência como princípio supremo.

A questão em foco é a da relação entre autoconsciência e mundo – questão que, no idealismo ativo, é tratada de forma a privilegiar a autoconsciência como elemento reclamador do princípio da razão

---

[4] Ver, neste volume, p. 29.
[5] Ver, neste volume, p. 25.

contra a positividade do real. Nesse sentido, o interesse por Epicuro pode ser compreendido por ser esse o autor que, ao trabalhar a contraditoriedade do átomo em sua determinação natural – a queda em linha reta – e em sua autodeterminação, através do movimento da declinação, introduziria a liberdade na própria natureza, contrapondo-se ao materialismo mecanicista de Demócrito.

A afirmação da declinação como "alma do átomo" é o conceito da particularidade abstrata; é o princípio da autonomia que, ao se contrapor ao movimento da queda em linha reta, possibilitaria o encontro dos átomos e a formação do mundo[6]. Marx analisa que, em relação à linha reta, "a particularidade abstrata só pode operar seu conceito, sua determinação formal, o puro ser-para-si, a independência em relação à existência imediata, a supressão de toda relatividade, *abstraindo da existência com que ela se depara*"[7].

A diferença patente em relação ao atomismo de Demócrito é que a necessidade não reina sozinha na natureza do átomo, abrindo espaço para o acaso e para a vontade. Na medida em que o movimento da declinação, introduzido por Epicuro, permite a passagem da necessidade à liberdade, também fica garantido o trânsito da física à ética, questões caras aos jovens hegelianos de esquerda.

No entanto, a autodeterminação não reina sozinha e, para que se dê a repulsão, ou seja, o encontro dos átomos e a constituição do mundo, é necessário considerar o princípio material, a determinação natural da queda em linha reta. Donde a realização da declinação, ao ser posta em termos positivos, se dá em meio também à necessidade e ao acaso, de modo que, na repulsão, "estão sinteticamente reuni-

---

[6] A doutrina do *clinamen*, segundo João Quartim de Moraes, foi formulada por Lucrécio em *De Rerum Natura*. O autor sustenta "que o atomismo de Epicuro não precisa do *clinamen* para negar o império da necessidade, nem para explicar a junção dos átomos no vazio"; ver João Quartim de Moraes, *Epicuro: sentenças vaticanas* (São Paulo, Loyola, 2014), p. 20. Sem entrar em detalhes, apenas referiremos aqui que isso não passa desapercebido por Marx, que afirma, em passagem do caderno I de anotações, a respeito do *clinamen*: "Lucrécio pode ter tomado ou não essa explicação do próprio Epicuro. Isso não afeta em nada a questão"; ver Karl Marx e Friedrich Engels, *Marx: escritos de juventud* (Cidade do México, Fondo de Cultura Económica, 1987), p. 78.

[7] Ver, neste volume, p. 79; grifos do original.

Apresentação à edição brasileira

das, portanto, a materialidade deles, da queda em linha reta, e sua determinação formal, posta na declinação"[8].

Exposta a diferença fundamental dos princípios do atomismo de Demócrito e de Epicuro, salientam-se dois aspectos na filosofia epicurista: a apreensão da "alma contraditória" do mundo e a emergência da autoconsciência como princípio de todas as coisas. O primeiro aspecto será aprofundado na análise das qualidades dos átomos e na compreensão de Epicuro da contraditoriedade do átomo como princípio e como elemento material, cuja realização da essência é "*degradada à condição de matéria absoluta, de substrato amorfo do mundo fenomênico*"[9]. Acrescente-se a esse desenvolvimento a análise do tempo como o elemento devorador do fenômeno, que nos revela a essência. Tudo isso faz com que Marx reconheça Epicuro como "o primeiro a conceber a manifestação como manifestação, isto é, como estranhamento da essência, sendo que ela própria se torna atuante em sua realidade como tal estranhamento"[10].

O segundo aspecto é mais bem determinado no capítulo sobre os meteoros, quando Marx encontrará desnudado o princípio da autoconsciência como fundamento da filosofia epicurista. Isso porque é ali que Epicuro, ao contrariar toda a tradição grega no que se refere à perfeição dos corpos celestes, o faz no propósito de afirmar a supremacia da autoconsciência. A autoconsciência se manifesta na contradição entre essência e existência. Não existindo essa contradição, haveria uma conciliação entre autoconsciência e mundo, com a absorção da primeira pelo segundo, abrindo caminho para o misticismo e o especulativo. Segundo Marx, é como se, nesse momento, o princípio da autoconsciência se afirmasse plenamente na teoria de Epicuro, que leva até as últimas consequências uma consciente oposição da individualidade abstrata à universalidade. Essa autoconsciência, instalada na natureza do átomo pela declinação, seria caracterizada

---

[8] Ver, neste volume, p. 82.
[9] Ver, neste volume, p. 101; grifos do original.
[10] Ver, neste volume, p. 105.

Diferença entre a filosofia da natureza de Demócrito e a de Epicuro

posteriormente por Lucrécio como "aquele algo em seu âmago que é capaz de contra-atacar e resistir"[11].

Não se pode deixar de situar tais escavações do autor no tempo dele e de pensá-las em meio aos debates de então. Marx se refere ao helenismo como uma época titânica, de separação, sem conciliação entre a filosofia e a realidade. Nesse contexto, a única ventura é o fato de que essas filosofias se voltem contra a positividade do real. Em seus cadernos de anotações, Marx dirá de uma "necessidade histórica" que permite a compreensão de como, depois de Aristóteles, pôde sair à luz um Epicuro. A ruptura da pólis e da totalidade ética explica por que "as filosofias epicurista e estoica foram a ventura de seu tempo; assim como a mariposa noturna, que busca a luz da lâmpada particular quando já se pôs o Sol universal"[12].

Ao se referir à Antiguidade, porém, o que Marx tem em vista é seu próprio tempo. Nas notas ao capítulo IV da primeira parte, referindo-se à cisão entre os discípulos de Hegel, ele mencionará duas tendências que se opõem, a liberal e a positiva:

> A primeira retém como determinação principal o conceito e o princípio da filosofia, enquanto a outra retém como tal seu *não conceito*, o fator da realidade. Essa segunda tendência é a *filosofia positiva*. O ato da primeira é a crítica e, portanto, exatamente o voltar-se para fora da filosofia, sendo o ato da segunda a tentativa de filosofar e, portanto, o voltar-se para dentro de si da filosofia, ao tomar ciência da deficiência como algo imanente à filosofia, ao passo que a primeira a compreende como deficiência do mundo a ser tornado filosófico.[13]

Tomando partido da tendência liberal, Marx não deixa, entretanto, de apontar suas limitações, na medida em que cinde a totalidade do sistema hegeliano, compreendendo seu caráter conciliatório como uma concessão por parte de Hegel à realidade política de sua época. Nessas notas, Marx questiona o teor moral da crítica endereçada a Hegel, ressaltando

---

[11] Ver, neste volume, p. 76.
[12] Ver Karl Marx e Friedrich Engels, *Marx: escritos de juventud*, cit., p. 132.
[13] Ver, neste volume, p. 58-9.

Apresentação à edição brasileira

que o que deveria ser mais bem examinado é o princípio do sistema, a fim de encontrar nele as insuficiências. Tal advertência é interessante na medida em que já revela a natureza da investigação que o autor desenvolverá em toda a sua obra. No entanto, essa investigação do princípio hegeliano ainda não é desenvolvida na tese doutoral. O que se percebe claramente é a refutação da história da filosofia apresentada por Hegel, a partir da contraposição da leitura acerca de Epicuro, valorizando neste os aspectos criticados por aquele – quais sejam, o abandono da teologia e da teleologia em prol da liberdade da vontade, a modalidade em que a filosofia se comporta como consciência subjetiva frente à realidade.

No entanto, uma vez que a categoria de totalidade, herdeira do hegelianismo, é referência para a tese doutoral, o que se observam são indicações elogiosas do procedimento epicuriano de confrontação da necessidade, ao mesmo tempo que indicações críticas do princípio da particularidade abstrata que se comporta frente à objetividade como uma exterioridade. Ao tratar da duplicidade do átomo como princípio, existindo no vácuo, e do átomo como elemento, existindo na realidade, Marx afirma a respeito do procedimento de Epicuro:

> Como seu princípio é o átomo, também o modo de seu conhecimento é atomista. Cada momento do desenvolvimento de imediato se transforma sub-repticiamente em uma realidade fixa, separada do contexto como se fosse pelo espaço vazio; toda determinação assume a forma de uma particularidade isolada.[14]

Essa caracterização feita por Marx nos remete à sua intenção inicial de fazer um estudo da filosofia helenística. Como tal projeto não se completou, não há elementos que possam indicar, com certeza, o rumo pelo qual Marx encaminharia a questão da autoconsciência a partir do epicurismo. No entanto, a indicação, por diversas vezes repetida, do caráter da autoconsciência singular em Epicuro aponta para sua limitação: "A particularidade abstrata é a liberdade da existência, não a liberdade na existência"[15]. Se atentarmos a esse trecho, observaremos que o entendimento

---

[14] Ver, neste volume, p. 99.
[15] Ver, neste volume, p. 102.

do átomo enquanto particularidade abstrata só pode desembocar numa atitude de desvio do existente, o que corresponde ao ideal da ataraxia. José Américo Pessanha pondera a esse respeito:

> Ao escrever a tese sobre os materialistas antigos, Marx reconhece que a liberdade alcançada no epicurismo é aquela possível numa filosofia da autoconsciência: uma liberdade somente interior. É a liberdade compatível com uma filosofia do indivíduo isolado, da declinação do átomo – e que se amplia apenas até às dimensões da solidariedade dos pequenos grupos privilegiados pela sabedoria, às dimensões da serena e prazerosa amizade, como na confraria do Jardim de Epicuro ou do Doktorklub.[16]

A tese doutoral suscita ainda hoje ricas polêmicas quanto a seu lugar na obra de Marx. Alguns intérpretes enxergam nesse texto uma primeira aproximação de Marx com o materialismo. É, por exemplo, a posição de Denis Collin no artigo "Epicuro e a formação do pensamento de Karl Marx"[17], em que sugere que a tese seria o ponto de partida para o materialismo de Marx. Também John Bellamy Foster, em *A ecologia de Marx: materialismo e natureza*[18], acredita que a crítica materialista de Hegel já está presente na tese, à qual se sobrepôs posteriormente a influência de Feuerbach. Mesmo György Lukács, em "O jovem Marx"[19], identifica na tese doutoral os germes do que seria o pensamento do autor, na medida em que já se encontraria ali o intento de descobrir e superar as insuficiências do hegelianismo.

Já Auguste Cornu, em *Del idealismo al materialismo histórico*[20], e Mario Rossi, em *La génesis del materialismo histórico*[21], sustentam, a nosso ver, de forma correta, o caráter idealista da análise que Marx

---

[16] José Américo Motta Pessanha, "Apresentação", em Karl Marx, *Diferenças entre as filosofias da natureza de Demócrito e Epicuro* (São Paulo, Global, s/d), p. 13.

[17] Trad. Rita de Cássia Mendes Pereira, *Politeia: História e Sociedade*, Vitória da Conquista, Uesb, v. 6, n. 1, 2006, p. 15-27; disponível online.

[18] Rio de Janeiro, Civilização Brasileira, 2005.

[19] *O jovem Marx e outros escritos de filosofia* (Rio de Janeiro, Editora da UFRJ, 2007).

[20] Buenos Aires, Platina/ Stilcograf, 1965.

[21] Madri, Alberto Corazón, 1971.

Apresentação à edição brasileira

faz do materialismo epicurista. No entanto, enquanto Cornu sublinha o avanço que Marx realiza em relação aos limites do pensamento especulativo e de seu desdobramento no neo-hegelianismo de esquerda, Rossi assume uma cautela maior na avaliação do texto, na medida em que o projeto original se encontra incompleto, o que compromete a elucidação da posição do autor frente ao idealismo.

Marx parece se mover, a um só tempo, em meio à recusa do reconhecimento do real como racional (Hegel) e ao questionamento da efetividade da particularidade abstrata em sua relação com o mundo (Epicuro). No epicurismo, encontra o germe dessa consciência que deve ser elevada a juiz do mundo. Porém, critica a forma atomística que pensa a subjetividade e a objetividade como determinações abstratas uma em relação à outra. Como não temos a continuidade do estudo da estrutura completa da autoconsciência, o que nos resta de elemento para a compreensão do pensamento do autor e sua relação com a filosofia hegeliana são os textos imediatamente posteriores à tese, os artigos da *Gazeta Renana*. Se no tempo de Epicuro rompe-se o liame entre filosofia e política, de tal forma que o desvio epicurista possa ser transcrito na máxima "Vive ignorado", em Marx essa concepção da consciência que se retrai ao jardim é apenas germe de uma consciência ativa, que vai do jardim ao mundo. Esse movimento se torna mais claro nos artigos para a *Gazeta Renana* nos quais ele exerce o princípio presente em sua tese de que "é a *crítica* que mede a existência individual pela essência e a realidade específica pela ideia"[22].

Esse período, que engloba a tese doutoral e os citados artigos, quando Marx convive criticamente com os jovens hegelianos de esquerda, constitui seu período juvenil. Para além dele, o autor opera uma inflexão em seu pensamento que o levará a recolocar as antinomias essência-aparência, subjetividade-objetividade, pensamento-mundo, possibilidade real-possibilidade abstrata, sobre bases teóricas absolutamente distintas.

Belo Horizonte, dezembro de 2017

---

[22] Ver, neste volume, p. 57.

DIFERENÇA ENTRE A FILOSOFIA DA NATUREZA DE DEMÓCRITO E A DE EPICURO

com um apêndice

por

Karl Heinrich Marx
doutor em filosofia

A seu caro e paternal amigo,
Conselheiro do Governo,
Senhor LUDWIG VON WESTPHALEN,
em Trier,
o autor
dedica estas linhas,
em sinal de amor filial.

O senhor me perdoe, *meu caro e paternal amigo*, por apor *seu* nome, que me é tão caro, a uma brochura tão irrelevante. Minha impaciência é grande demais para aguardar outra oportunidade de *lhe* dar uma singela demonstração de meu apreço.

Queria que todos aqueles que põem em dúvida a ideia tivessem a mesma sorte que eu: a de admirar um ancião dotado de vigor juvenil, que saúda cada progresso deste tempo com o entusiasmo e a lucidez da verdade e que, munido daquele idealismo claro como a luz do sol – advindo de uma convicção profunda, o único que tem ciência da verdadeira palavra, diante do qual comparecem todos os espíritos do mundo –, nunca recuou diante das sombras projetadas pelos fantasmas retrógrados, diante do céu toldado pelas nuvens tantas vezes tenebrosas deste tempo, mas sempre vislumbrou através de todas as dissimulações, com energia divina, olhar enérgico e certeiro, o empíreo que arde no coração do mundo. *O senhor, meu paternal amigo*, sempre foi para mim um vívido *argumentum ad oculos* [argumento óbvio] de que o idealismo não é coisa da imaginação, mas a pura verdade.

Não preciso rogar por seu bem-estar físico. O espírito é o grande médico milagreiro a que *o senhor se* confiou.

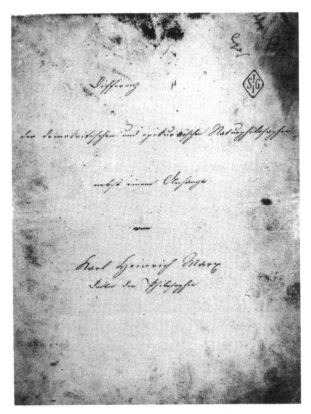

Folha de rosto original da tese *Diferença entre a filosofia da natureza de Demócrito e a de Epicuro – com um apêndice*.

PREFÁCIO

A forma deste tratado teria sido, de um lado, rigorosamente científica e, de outro, bem menos pedante em algumas exposições, se ele não estivesse originalmente destinado a ser uma tese de doutorado. É por razões de ordem exterior que, ainda assim, o entrego à prensa nesta forma. Ademais, acredito ter resolvido um problema até então insolúvel da história da filosofia grega.

Quem entende do assunto sabe que não existem trabalhos preparatórios sobre o objeto deste tratado a serem aproveitados. O que Cícero e Plutarco tagarelaram é papagaiado no mesmo tom até hoje. Gassendi*, que livrou Epicuro do interdito que lhe fora imposto pelos pais da Igreja e pela Idade Média inteira, época da irracionalidade realizada, oferece apenas um momento interessante em todas as suas exposições. Desperdiçando esforços, ele procurou acomodar sua consciência católica a seu conhecimento pagão e Epicuro à Igreja. Foi o mesmo que cobrir o corpo esplendoroso de uma Laís grega com um hábito de freira cristã. Gassendi aprendeu de Epicuro mais filosofia do que poderia nos ensinar sobre a filosofia de Epicuro.

Considere-se este tratado como precursor de um escrito maior, em que apresentarei extensamente o ciclo da filosofia epicurista, estoica e cética em conexão com a especulação grega como um todo**. Os defeitos aqui presentes em termos de forma e afins serão suprimidos nesse citado próximo escrito.

---

* Pierre Gassendi, *Animadversiones in decimum librum Diogenis Laertii, qui est de vita, moribus placitisque Epicuri* (Lugduni [Lyon], 1649). (N. E. A.)

** Marx não chegou a realizar esse plano. (N. E. A.)

Karl Marx

Em termos globais, *Hegel* chegou a definir de modo correto o caráter geral dos sistemas em questão. No entanto, no grande e ousado plano, digno de toda a admiração, de sua *História da filosofia**, que constitui o momento em que se começa a datar a história da filosofia, foi em parte impossível entrar em minúcias; ao mesmo tempo, sua visão daquilo que ele chamou de especulativo *par excellence* impediu, também em parte, o titânico pensador de identificar nesses sistemas a grande importância que têm para a história da filosofia grega e para o espírito grego em geral. Esses sistemas são a chave para a verdadeira história da filosofia grega. Sobre sua conexão com a vida grega, encontra-se uma alusão mais profunda no escrito de meu amigo *Köppen* intitulado *Frederico, o Grande, e seus adversários***.

Acrescentou-se como apêndice uma crítica da polêmica de Plutarco contra a teologia de Epicuro – isso foi feito porque essa polêmica não constitui assunto isolado, mas é representativa de uma *espèce* [espécie], ao apresentar de modo muito acertado a relação entre o entendimento teologizador e a filosofia.

Na crítica, não se toca, entre outras coisas, no quanto é errôneo o ponto de vista de Plutarco ao arrastar a filosofia ao foro da religião. Em vez de um arrazoado sobre isso, basta citar uma passagem de David Hume:

> Trata-se, certamente, de uma espécie de desonra para a filosofia, cuja *autoridade soberana* deveria ser universalmente reconhecida, obrigá-la a estar sempre pedindo desculpas por suas conclusões e se justificando perante todas as artes e ciências particulares que possam se sentir ofendidas por ela. *Isso nos faz pensar em um rei acusado de alta traição contra seus próprios súditos.****

---

* Georg Wilhelm Friedrich Hegel, *Vorlesungen über die Geschichte der Philosophie I-III* (ed. Karl Ludwig Michelet, edição completa das obras pela Associação de Amigos do Eternizado, Berlim, 1833, v. 13 e 14; Berlim, 1836, v. 15). Sobre epicurismo, estoicismo e ceticismo, cf. especialmente v. 14, p. 423-586. (N. E. A.)

** Carl Friedrich Köppen, *Friedrich der Grosse und seine Widersacher* (Leipzig, 1840). Köppen dedicou este livro "a seu amigo Karl Heinrich Marx de Trier". (N. E. A.)

*** Edição usada por Marx: David Hume, *Über die menschliche Natur* (trad. e comentários Ludwig Heinrich Jakob), v. 1: *Über den menschlichen Verstand* (Halle, 1790), p. 485. (N. E. A.) [ed. bras.: *Tratado da natureza humana* (trad. Déborah Danowski, 2. ed., São Paulo, Editora Unesp, 2009), p. 282. Grifos de Marx. (N. T.)].

Diferença entre a filosofia da natureza de Demócrito e a de Epicuro

Enquanto pulsar uma gota de sangue em seu coração absolutamente livre, dominador do mundo, a filosofia sempre clamará a seus opositores as seguintes palavras de Epicuro:

Ἀσεβὴς δὲ οὐχ ὁ τοὺς τῶν πολλῶν θεοὺς ἀναιρῶν, ἀλλ' ὁ τὰς τῶν πολλῶν δόξας θεοῖς προσάπτων. [Ímpio não é quem elimina os deuses aceitos pela maioria, e sim quem aplica aos deuses as opiniões da maioria.]*

A filosofia não esconde isso de ninguém. A confissão de Prometeu – "ἁπλῷ λόγῳ, τοὺς πάντας ἐχθαίρω θεούς [numa palavra, odeio todos os deuses]"** – é sua própria confissão, seu próprio dito contra todos os deuses celestiais e terrenos que não reconhecem a autoconsciência humana como a divindade suprema. Não pode haver nenhum outro deus ao lado dela.

Porém, às tristonhas lebres de março*** que se alegram com o aparente agravamento**** da posição cidadã da filosofia, esta responde, reiterando aquilo que Prometeu disse a Hermes, o serviçal dos deuses:

---

* Diógenes Laércio, *De vitis philosophorum*, X, 123 [ed. bras.: *Vidas e doutrinas dos filósofos ilustres* (trad. Mário da Gama Kury, 2. ed., Brasília, Editora da UnB, 1977), p. 311]. (N. T.)

** Ésquilo, *Prometeu acorrentado*, verso 975. Em carta a Marx datada de 12 de abril de 1841 (MEGA-2 III/1, p. 357), Bruno Bauer lhe pede que não acolha na dissertação o verso de Ésquilo que "transcende o desenvolvimento filosófico" para não pôr em risco a cadeira docente que ele tinha em vista na Universidade de Bonn. (N. E. A.)

*** Alusão a uma expressão idiomática inglesa da era vitoriana – "louco como uma lebre de março" – que posteriormente foi convertida por Lewis Caroll em personagem de *Alice no país das maravilhas*. (N. T.)

**** Marx evidentemente se refere à discussão em torno da repressão sofrida pelos jovens hegelianos por parte do Estado prussiano, que se agravara muito no início de 1841. As universidades e o governo se recusaram a nomear os jovens hegelianos Bruno Bauer, David Strauß e outros como professores. No mesmo período, veio a público que estava em preparação um decreto do governo para transferir o local de impressão dos *Hallische Jahrbücher* [Anais de Halle], porta-voz dos jovens hegelianos, de Leipzig para Halle, a fim de colocá-los sob a censura do Estado prussiano. Não só as instâncias oficiais mas até os jornais liberais se posicionaram contra os jovens hegelianos. Além disso, é de se supor que Marx se refira também aos velhos hegelianos, que assumiram postura neutra em relação à repressão dos jovens. (N. E. A.)

Karl Marx

τῆς σῆς λατρείας τὴν ἐμὴν δυσπραξίαν
σαφῶς ἐπίστασ', οὐκ ἂν ἀλάξαιμ' ἐγώ.
κρεῖσσον γὰρ οἶμαι τῇδε λατρεύειν πέτρᾳ,
ἢ πατρὶ φῦναι Ζηνὶ πιστὸν ἄγγελον.
[Por tua servidão minha desventura
eu com toda certeza jamais trocaria.
Acho bem melhor ser escravo daquela pedra,
do que a Zeus pai servir de fiel mensageiro.]*

Prometeu é o mais ilustre entre santos e mártires do calendário filosófico.

Berlim, março de 1841

---

* Ésquilo, *Prometeu acorrentado*, versos 966-9. (N. E. A.)

PREFÁCIO*

O tratado que aqui torno público é um trabalho antigo e deveria encontrar lugar em uma exposição geral das filosofias epicurista, estoica e cética, em cuja execução não posso pensar no momento devido a ocupações políticas e filosóficas de natureza bem diferente.

Só agora chegou a época em que será possível entender os sistemas dos epicuristas, dos estoicos e dos céticos. Trata-se das *filosofias da autoconsciência*. Estas linhas deixarão claro, no mínimo, que pouca coisa dessa tarefa foi concluída até aqui.

---

* Este fragmento de um novo prefácio é um indício de que Marx teve a intenção de publicar a tese algum tempo depois de obter o título de doutor, talvez já no período em que se mudou de Berlim para Bonn, depois de julho de 1841. O prefácio datado de março de 1841 mostra que Marx já fez uma versão para impressão durante a confecção da tese ou antes de receber o título, mas, por razões que se desconhecem, não chegou a publicá-la. (N. T.)

Diploma de doutorado de Karl Marx.

PRIMEIRA PARTE

Diferença entre a filosofia da natureza de Demócrito e a de Epicuro em termos gerais

I
Objeto do tratado

Parece suceder à filosofia grega o que não deve suceder a uma boa tragédia: ter um fim insosso. Com Aristóteles, o Alexandre macedônio da filosofia grega, parece cessar a história objetiva da filosofia na Grécia, e nem mesmo os viris estoicos conseguiram fazer o que os espartanos lograram em seus templos: acorrentar Atena a Hércules para que ela não fugisse dali.

Epicuristas, estoicos e céticos são encarados como um suplemento quase inconveniente, totalmente desproporcional a suas formidáveis premissas*. A filosofia epicurista seria um agregado sincretista composto de física democrítica e moral cirenaica; o estoicismo, uma fusão

---

* Epicuristas, estoicos e céticos tomaram como ponto de partida concepções filosóficas mais antigas – a saber, as filosofias da natureza de Heráclito, Parmênides e Demócrito e a ética de cirenaicos e cínicos. Pouco se referiram aos sistemas imediatamente anteriores de Platão e Aristóteles e, quando o fizeram, foi em tom crítico. Por essa razão, a história da filosofia anterior e posterior a Hegel encarou essas três tendências filosóficas antigas como ecleticismo e retrocesso no desenvolvimento da filosofia. Hegel, em contraposição, expôs tais sistemas como estágio essencial na evolução da história da filosofia. Após a publicação de suas *Preleções sobre a história da filosofia*, isso levou historiadores influentes da filosofia a polemizar com ele. É de se supor que Marx se tenha ocupado com esses críticos, principalmente com as concepções de Heinrich Ritter e Christian August Brandis, que, influentes alunos de Friedrich Schleiermacher, estavam publicando seu legado. Eles difundiram uma visão idealista de cunho religioso do epicurismo e do ceticismo, que, na condição de "seitas", representariam uma "degeneração" da filosofia, e o ponto de partida em concepções anteriores às de Aristóteles foi avaliado como restauração de resquícios de uma "formação inferior". Epicuro é visto como filósofo da fruição sensual, e o teor de verdade da filosofia epicurista é questionado em termos gerais (ver Ritter, *Geschichte der Philosophie alter Zeit* (Hamburgo, [F. Perthes,] 1837), v. 3, p. 427, 436 e 727; Brandis, *Handbuch der Geschichte der griechisch-römischen Philosophie* (Berlim, [G. Reimer,] 1835), p. 35 e 51; Schleiermacher, *Geschichte der Philosophie* (ed. Ritter, Berlim, 1839), p. 17-9 e 127. (N. E. A.)

de especulação heraclítica sobre a natureza, de cosmovisão moral cínica e talvez também de lógica aristotélica; e, por fim, o ceticismo, o mal necessário com que se defrontaram esses dogmatismos. Assim, essas filosofias são inconscientemente associadas à filosofia alexandrina, o que as converte em mero ecleticismo unilateral e tendencioso. A filosofia alexandrina*, por fim, é vista como sentimentalismo e desconcerto totais – uma confusão em que se poderia aceitar, quando muito, a universalidade da intenção.

Ora, trata-se de uma verdade bem trivial: originar-se, florescer e fenecer constituem um ciclo brônzeo, ao qual tudo o que é humano está fadado e que se deve percorrer. Assim, nada haveria de notável se a filosofia grega tivesse murchado depois de atingir seu florescimento máximo em Aristóteles. Ocorre que a morte dos heróis se assemelha ao pôr do Sol, e não ao estouro de uma rã que inflou demais.

E mais: originar-se, florescer e fenecer são representações bem gerais, bastante vagas, nas quais tudo pode ser enquadrado e com as quais, no entanto, nada se compreende. O próprio fenecimento já está pré-formado no que vive; sua forma deveria, por conseguinte, ser captada na mesma peculiaridade específica com que se capta a forma da vida.

Por fim, se lançarmos um olhar para a história, epicurismo, estoicismo e ceticismo são mesmo fenômenos particulares? Não são os arquétipos do espírito romano, a forma em que a Grécia migrou para Roma**? Não é sua essência tão plena de caráter, intensa e eterna que o próprio mundo moderno foi obrigado a lhes conceder cidadania intelectual plena?

Ressalto isso apenas para trazer à memória a importância histórica desses sistemas; aqui, porém, não se trata de seu significado universal para a formação de modo geral, mas de sua conexão com a filosofia grega mais antiga.

---

* Expressão com que Marx e também Hegel se referem ao neoplatonismo. (N. E. A.)
** Essa concepção foi formulada por Hegel, *Vorlesungen über die Geschichte der Philosophie I-III*, cit., v. 14, p. 426 e 429. (N. E. A.)

Diferença entre a filosofia da natureza de Demócrito e a de Epicuro

Quanto a essa situação, não deveria ter instigado à investigação ver a filosofia grega terminar em dois grupos diferentes de sistemas ecléticos, um dos quais constitui o ciclo da filosofia epicurista, estoica e cética e o outro é reunido sob o nome de especulação alexandrina? Além disso, não é um fenômeno no mínimo curioso que, tempos depois das filosofias platônica e aristotélica que se expandiram rumo à totalidade, tenham emergido novos sistemas que não se basearam nessas ricas formas de pensamento, mas, com um olhar retrospectivo, voltaram-se para as escolas mais simples – para os filósofos da natureza no tocante à física, para a escola socrática no tocante à ética? Ademais, por que razão os sistemas que surgiram depois de Aristóteles encontraram seus fundamentos praticamente prontos no passado? Por que Demócrito se associa com os cirenaicos, e Heráclito, com os cínicos? Será por acaso que, em epicuristas, estoicos e céticos, estão representados de modo completo todos os aspectos da autoconsciência, só que cada um como uma existência específica? Será por acaso que esses sistemas, em conjunto, formam a construção completa da autoconsciência? Por fim, o caráter com que a filosofia grega inicia miticamente nos sete sábios* e o modo como se encarna em um centro, em Sócrates, que é seu demiurgo, quer dizer, o caráter do sábio – do σοφός –, seria mesmo afirmado apenas casualmente naqueles sistemas como a realidade da verdadeira ciência?

Parece-me que, ao passo que os sistemas mais antigos são mais significativos e mais interessantes pelo conteúdo, os pós-aristotélicos – sobretudo o ciclo das escolas epicurista, estoica e cética – o são pela forma subjetiva, pelo caráter da filosofia grega. Só que, até agora, justamente a forma subjetiva, suporte espiritual dos sistemas filosóficos, foi quase totalmente esquecida em função de suas determinações metafísicas.

Reservo para uma análise mais detalhada o projeto de expor as filosofias epicurista, estoica e cética em sua totalidade e em toda a sua relação com a especulação grega mais antiga e posterior.

---

* O grupo dos sete sábios era formado por Tales de Mileto, Pítaco de Mitilene, Bias de Priene e Sólon de Atenas, além de Quílon de Esparta, Periandro de Corinto e Cleóbulo de Rodos. (N. E. A.)

Karl Marx

Aqui basta explicitar essa relação com base em um exemplo – e isso inclusive apenas quanto a um aspecto, o da relação com a especulação mais antiga.

Escolhi como exemplo a relação entre a filosofia da natureza* de Demócrito e a de Epicuro. Não acredito que se trate do ponto de partida mais cômodo, pois, por um lado, é preconceito antigo e arraigado identificar a física democrática com a física epicurista, de modo a ver as mutações de Epicuro apenas como ideias que lhe ocorreram arbitrariamente; por outro lado, no nível do detalhe, sou forçado a abordar aparentes micrologias. E, por ser o referido preconceito tão antigo quanto a história da filosofia, por serem as diferenças tão escondidas que praticamente só se revelam ao microscópio, tanto mais importante será demonstrar uma diferença essencial, que chega à minúcia, entre a física democrática e a epicurista, apesar de sua interconexão. O que se pode demonstrar no detalhe é ainda mais fácil de apresentar quando as relações são apreendidas em dimensões maiores; inversamente, análises muito gerais põem em dúvida se o resultado se confirmará no detalhe.

---

* A filosofia da natureza (física) é a disciplina historicamente mais antiga da filosofia grega. Ela surgiu no século VI antes desta era, nas cidades gregas economicamente fortalecidas da região costeira da Ásia Menor. Seus representantes mais destacados (Tales, Anaxímenes, Anaximandro) romperam com a cosmovisão mítica tradicional. O século V presenciou o florescimento da ordem escravista da Antiguidade. Nessa época, surgiu a filosofia da natureza de Leucipo e seu aluno Demócrito. Este colocou no centro de sua filosofia da natureza a teoria dos átomos. Essa doutrina materialista proclamou a similaridade fundamental e a equivalência completa de todos os componentes do cosmo, explicando o mundo a partir de si mesmo, e excluiu a interferência de um ser superior. O movimento dos átomos geraria todos os fenômenos do mundo e obedeceria tão somente ao princípio de causa e efeito. Leucipo e Demócrito sustentavam, portanto, um determinismo rigoroso. Demócrito não se tornou fundador de uma escola, e sua teoria parecia ter sido definitivamente refutada pelos argumentos de Aristóteles. Depois deste, Epicuro recorreu a Leucipo e Demócrito e separou a filosofia da natureza da ciência natural empírica, subordinando a formulação filosófico-natural a seu problema principal, que era obter a felicidade do indivíduo a partir do conhecimento da natureza do ser humano e de sua posição no processo natural global. A concepção da declinação dos átomos foi uma crítica ao determinismo unilateral de Demócrito. Ela serviu em primeira linha à fundamentação natural da liberdade da vontade e, simultaneamente, introduziu um fator dialético na concepção materialista da natureza. (N. E. A.)

II
Pareceres sobre a relação entre a física de Demócrito e a de Epicuro

Minha opinião geral sobre as opiniões mais antigas saltará aos olhos ao passar em revista por alto os juízos dos antigos sobre a relação entre a física democrítica e a física epicurista.

Posidônio, o Estoico, Nicolau e *Sótion* acusam Epicuro de ter se apropriado da autoria da teoria democrítica dos átomos e da teoria do prazer de Aristipo[1]. O acadêmico *Cota* pergunta em Cícero: "O que haveria na física de Epicuro que não pertence a Demócrito? Algumas coisas ele até modifica, mas de modo geral diz as mesmas coisas"[2]. Assim, o próprio *Cícero* diz: "Na física, da qual Epicuro mais se gloria, ele é um estranho completo. A maior parte pertence a Demócrito; no que se desvia deste, no que quer melhorar, ele estraga e piora"[3]. Embora Epicuro seja acusado por muitos de ter proferido

---

[1] Diógenes Laércio, cit., X, 4: "Ἀλλὰ καὶ οἱ περὶ Ποσειδώνιον τὸν Στωικὸν καὶ Νικόλαος καὶ Σωτίων [...] τὰ δὲ Δημοκρίτου περὶ ἀτόμων καὶ Ἀριστίππου περὶ ἡδονῆς, ὡς ἴδια λέγειν (Ἐπίκουρον)" ["Mas também os adeptos de Posidônio, o Estoico, bem como Nicolau e Sotíon [o difamaram, dizendo:] Ele (Epicuro) dizia serem suas a teoria de Demócrito sobre os átomos e a de Aristipo sobre o prazer"].

[2] Cícero, *De natura deorum libri III*, I, 26: "*Quid est in physicis Epicuri non a Democrito? Nam etsi quaedam commutavit [...] tamen pleraque dicit eadem*" ["O que há na física de Epicuro que não provém de Demócrito? Pois, mesmo que tenha *modificado* algo, [...] em geral ele diz a mesma coisa"].

[3] Idem, *De finibus bonorum et malorum libri V*, I, 6: "*Ita, quae mutat, ea corrumpit; quae sequitur, sunt tota Democriti*" ["Assim, ele distorce o que modifica; as teorias que adota são todas de Demócrito"]. Idem: "[...] *in physicis, quibus maxime gloriatur, primum totus est alienus. Democrito adjicit, perpauca mutans, sed ita, ut ea, quae* corrigere *vult, mihi quidem* depravare *videatur [...], in quibus sequitur Democritum, non fere labitur*" ["[...] na física, onde mais se gloria, *ele é*, primeiro, *um estranho completo*. Ele se orienta por Demócrito, mudando pouca coisa, mas o faz de tal modo que, a meu ver, *deturpa* o que pretende *corrigir* [...], nos pontos em que segue Demócrito não comete erros"].

insultos contra Demócrito, em contrapartida, Leonteu afirma, segundo Plutarco, que ele teria honrado Demócrito por este ter professado antes a verdadeira doutrina, por ter descoberto antes os princípios da natureza[4]. No escrito *De placitis philosophorum* [Sobre as opiniões dos filósofos], Epicuro é descrito como alguém que pratica a filosofia segundo Demócrito[5]. Plutarco vai ainda mais longe em *Adversus Colotem* [Contra Colotes]. Depois de comparar Epicuro na sequência com Demócrito, Empédocles, Parmênides, Platão, Sócrates, Estilpo, os cirenaicos e os acadêmicos, ele procura extrair o resultado: "Epicuro se apropriou do que é falso em toda a filosofia grega e não entendeu o que é verdadeiro"[6]. O tratado *De eo, quod secundum Epicurum non beate vivi possit* [Sobre Epicuro ter dito que não se pode ter uma vida feliz]* está eivado de insinuações hostis similares.

Essa opinião desfavorável emitida pelos autores mais antigos não se modifica nos pais da Igreja. Cito em nota apenas uma passagem de Clemente Alexandrino[7], um pai da Igreja que merece ser mencionado preferencialmente em relação a Epicuro, porque reformula a advertência do apóstolo Paulo contra a filosofia em geral como advertência contra a filosofia epicurista, que como tal não teria fantasiado nem mesmo sobre providência e coisas desse tipo[8]. O autor

---

[4] Plutarco, *Adversus Colotem liber* (ed. Xylander), p. 1.108: "Λεοντεὺς [...] τιμᾶσθαί φησι τὸν Δημόκριτον ὑπὸ Ἐπικούρου διὰ τὸ πρότερον ἅψασθαι τῆς ὀρθῆς γνώσεως [...] διὰ τὸ περιπεσεῖν αὐτὸν πρότερον ταῖς ἀρχαῖς περὶ φύσεως" ["Leonteu [...] diz que Demócrito é apreciado por Epicuro por ter chegado antes dele ao conhecimento correto [...], por ter alcançado primeiro os princípios da natureza"]. Cf. ibidem, p. 1.111.

[5] [Idem,] *De placitis philosophorum libri V*, p. 235 (ed. Tauchnitz): "Ἐπίκουρος, Νεοκλέους, Ἀθηναῖος, κατὰ Δημόκριτον φιλοσοφήσας" ["Epicuro, filho de Neocleo, ateniense, seguiu a filosofia de Demócrito"].

[6] Idem, *Adversus Colotem*, p. 1.111-2, 1.114-5, 1.117, 1.119-20 e seg.

* Idem, *Commentarius Ne suaviter quidem vivi posse secundum Epicuri decreta, docens*. (N. E. A.)

[7] Clemente de Alexandria, *Stromatum libri VIII* [em *Opera graece et latine quae extant*], v. VI, p. 629 (ed. Coloniae, 1688): "Ἀλλὰ καὶ Ἐπίκουρος παρὰ Δημοκρίτου τὰ προηγούμενα ἐσκευώρηται δόγματα". ["Mas também Epicuro roubou de Demócrito as principais doutrinas."]

[8] Ibidem, p. 295: "Βλέπετε οὖν, μή τις ἔσται ὑμᾶς [ὁ] συλαγωγῶν διὰ τῆς φιλοσοφίας καὶ κενῆς ἀπάτης, κατὰ τὴν παράδοσιν τῶν ἀνθρώπων, κατὰ τὰ στοιχεῖα τοῦ κόσμου,

Diferença entre a filosofia da natureza de Demócrito e a de Epicuro

que mais chamativamente mostra quanto estava propenso a atribuir plágios a Epicuro é *Sexto Empírico*, que pretende imprimir a algumas passagens totalmente descabidas de Homero e Epicarmo o carimbo de fontes principais da filosofia epicurista[9].

É de conhecimento geral que os autores mais recentes, em conjunto, igualmente convertem Epicuro, enquanto filósofo da natureza, em mero plagiador de Demócrito. O juízo desses seja representado aqui, em termos gerais, por um dito de *Leibniz*: "*Nous ne savons presque de ce grand homme (Démocrite) que ce qu'Épicure en a emprunté, qui n'etait pas capable d'en prendre toujours le meilleur*" ["Não sabemos desse grande homem (Demócrito) praticamente nada além do que tomou

---

καὶ οὐ κατὰ Χριστόν" [Colossenses 2,8]. "Φιλοσοφίαν μὲν οὐ πᾶσαν, ἀλλὰ τὴν Ἐπικούρειον, ἧς καὶ μέμνηται ἐν ταῖς πράξεσιν τῶν Ἀποστόλων ὁ Παῦλος, διαβάλλων πρόνοιαν ἀναιροῦσαν, καὶ εἰ δή τις ἄλλη [τὰ] στοιχεῖα ἐντετίμηκεν, μὴ ἐπιστήσασα τὴν ποιητικὴν αἰτίαν τούτοις· μηδὲ ἐφαντάσθη τὸν δημιουργόν". ["Estejam atentos para que não venha alguém vos arrebatar com filosofia e artimanhas vazias, conforme a tradição humana, conforme os elementos do mundo, e não segundo Cristo" [Bíblia, Novo Testamento, Colossenses 2,8]. "Não é toda filosofia que Paulo rejeita, mas tão somente a epicurista, que ele também menciona nos Atos dos Apóstolos [Bíblia, Novo Testamento, Atos dos Apóstolos 17,18], porque suprime a providência, e qualquer outra filosofia que, em vez de colocar a causa criadora acima dos elementos, presta honra a eles e não faz ideia do criador."]

9   Sexto Empírico, *Adversus mathematicos*[, em *Opera quae extant*, p. 54] (ed. Coloniae Allobrogum [Genebra], 1621): "Ὁ δὲ Ἐπίκουρος φωρᾶται τὰ κράτιστα τῶν δογμάτων παρὰ ποιητῶν ἀνηρπακώς· τὸν δὲ γὰρ ὅρον τοῦ μεγέθους τῶν ἡδονῶν, ὅτι ἡ παντός ἐστι τοῦ ἀλγοῦντος ὑπεξαίρεσις, ἐξ ἑνὸς στίχου δέδεικται λαβών·
αὐτὰρ ἐπεὶ πόσιος καὶ ἐδητύος ἐξ ἔρον ἔντο.
Τὸν δὲ θάνατον, ὅτι οὐδέν ἐστι πρὸς ἡμᾶς, Ἐπίχαρμος αὐτῷ προςμεμήνυκεν, εἰπών·
ἀποθανεῖν ἢ τεθνᾶναι οὔ μοι διαφέρει.
Ὡς αὕτως δὲ καὶ τὰ νεκρὰ τῶν σωμάτων ἀναισθητεῖν, παρ' Ὁμήρου κέκλοφε γράφοντος·
κωφὴν γὰρ δὴ γαῖαν ἀεικίζει μενεαίνων".
["No entanto, Epicuro comprovadamente roubou suas melhores teorias de poetas; pois a sentença de que o limite da intensidade dos prazeres é a eliminação de tudo o que causa dor foi tirada por ele, como foi mostrado, do seguinte verso:
'Porém, depois que o desejo de comer e beber fora saciado' [Homero, *Ilíada*, I, 469].
E a sentença de que a morte não nos diz respeito foi-lhe inspirada por Epicarmo, que diz:
'Morrer ou estar morto me é indiferente'.
Do mesmo modo, a sentença de que os mortos não sentem nada foi roubada por ele de Homero, que diz:
'Pois enfurecido maltrata a terra impassível' [Homero, *Ilíada*, XXIV, 54]."]

emprestado dele Epicuro, que nem sempre foi capaz de captar o que ele tinha de melhor"][10]. Portanto, enquanto Cícero faz com que Epicuro piore a teoria democrítica, concedendo-lhe, no entanto, pelo menos, a vontade de melhorá-la e a acuidade para ver seus defeitos, e enquanto Plutarco lhe atribui incoerência[11] e uma predisposição para piorar as coisas, colocando, portanto, também a vontade dele sob suspeição, Leibniz lhe nega até mesmo a capacidade de citar Demócrito com competência.

Ao mesmo tempo, todos concordam em que Epicuro tomou sua física emprestada de Demócrito.

---

[10] *Lettre de* Leibniz à *Mr. des Maizeaux, contenant éclaircissements sur l'explication* etc. [Carta de Leibniz ao sr. de Maizeaux contendo esclarecimentos sobre a explicação etc.], v. 2, p. 66[-7] (ed. Dutens [Opera omnia Leibnitii, t. 2]).

[11] Plutarco, *Adversus Colotem*, p. 1.111: "ʼΕγκλητέος οὖν ὁ Δεμόκριτος, οὐχὶ τὰ συμβαίνοντα ταῖς ἀρχαῖς ὁμολογῶν, ἀλλὰ λαμβάνων ἀρχὰς, αἷς ταῦτα συμβέβηκεν [...] εἰ μὲν οὖν τὸ οὐ λέγειν τοιοῦτόν ἐστι, οὐχ ὁμολογεῖ (ʼΕπίκουρος) τῶν εἰθισμένων τι ποιεῖ. Καὶ γὰρ τὴν πρόνοιαν ἀναιρῶν, εὐσέβειαν ἀπολιπεῖν λέγει· καὶ τὰς ἡδονῆς ἕνεκα τὴν φιλίαν αἱρούμενος, ὑπὲρ τῶν φίλων τὰς μεγίστας ἀλγηδόνας ἀναδέχεσθαι· καὶ τὸ μὲν πᾶν ἄπειρον ὑποτίθεσθαι, τὸ δὲ ἄνω καὶ κάτω μὴ ἀναιρεῖν" ["É preciso criticar Demócrito não por aceitar as consequências de seus princípios, mas por acolher princípios que têm tais consequências. [...] Mas, quando a refutação [das consequências] é dessa natureza, ele (Epicuro) não admite fazer algo a que já está habituado? Pois, ao mesmo tempo que suprime a providência, ele diz que mantém a crença nos deuses; ele buscaria a amizade em função do prazer, mas pelos amigos tomaria sobre si as maiores dores; por fim, considera o universo infinito, mas não suprime o em cima e o embaixo"].

III

Dificuldades quanto à identidade da filosofia da natureza de Demócrito e a de Epicuro

Além dos testemunhos históricos, muitas outras coisas falam a favor da identidade da física democrítica e da física epicurista. Os princípios – átomos e vácuo – são inquestionavelmente os mesmos. Somente em determinações individuais parece reinar a discrepância arbitrária e, por conseguinte, não essencial.

Isso nos confronta com um enigma curioso, insolúvel. Dois filósofos ensinam exatamente a mesma ciência, do mesmo modo, mas – que incoerência! – em tudo se posicionam de maneira diametralmente oposta no que se refere à verdade, à convicção, à aplicação dessa ciência, no que diz respeito à relação entre ideia e realidade de modo geral. Digo que se posicionam de modo diametralmente oposto e procurarei provar isso agora.

A) Aparentemente é difícil apurar qual foi o juízo de Demócrito *sobre verdade e convicção do saber humano*. Há passagens contraditórias – ou melhor, não são as passagens, mas as opiniões de Demócrito que se contradizem. Pois não corresponde aos fatos a afirmação que Trendelenburg fez no *Comentário à psicologia aristotélica*, dizendo que só autores posteriores tiveram conhecimento dessa contradição, não Aristóteles*. É que, na *Psicologia* de Aristóteles, consta o seguinte: "Para Demócrito, alma e entendimento são a mesma coisa, pois o fenômeno

---

* O comentário de Trendelenburg, *Commentar zur aristotelischen Psychologie*, consta em sua edição de Aristóteles, *De anima libri tres*. Ad interpretum graecorum auctoritatem et codicum fidem recogn. commentariis ill. Frider. Adolph. Trendelenburg (Iena, 1833). Sua afirmação se refere à passagem citada por Marx na nota 1, a seguir. (N. E. A.)

seria o verdadeiro"[1]. Na *Metafísica*, por sua vez, ele diz: "Demócrito afirma que nada seria verdadeiro ou que isso estaria oculto a nós"[2]. Essas passagens de Aristóteles não se contradizem? Se o fenômeno é o verdadeiro, como pode o verdadeiro estar oculto? A ocultação só começa quando fenômeno e verdade divergem. Porém, *Diógenes Laércio* relata que Demócrito fora incluído no grupo dos céticos. Cita-se o seguinte dito: "Na verdade, nada sabemos, porque a verdade jaz no fundo do poço"[3]. Algo similar se encontra em *Sexto Empírico*[4].

Essa concepção cética, indecisa e internamente contraditória de Demócrito passa a ser desenvolvida quanto *ao modo como se determina a relação entre o átomo e o mundo que se manifesta aos sentidos.*

Por um lado, a manifestação sensível não competiria aos átomos em si. Ela não é *manifestação objetiva*, mas *aparência subjetiva*. "Os *verdadeiros* princípios são os átomos e o vácuo; *tudo o mais é opinião, aparência*"[5].

---

[1] Aristóteles, *De anima*, I, p. 8. (ed. Trendelenburg, cit.): "Ἐκεῖνος (isto é, Δεμόκριτος) μὲν γὰρ ἁπλῶς, ταυτὸ ψυχὴν καὶ νοῦν· τὸ γὰρ ἀληθὲς εἶναι τὸ φαινόμενον" ["Aquele (isto é, Demócrito) simplesmente diz que alma e entendimento são a mesma coisa; pois o verdadeiro seria o fenômeno"].

[2] Idem, *Metafísica*, IV, 5 [ed. estereotipada Leipzig, Tauchnitz]: "Διὸ Δεμόκριτός γέ φησιν, ἤτοι οὐδὲν εἶναι ἀληθὲς, ἢ ἡμῖν ἄδελον. Ὅλως δὲ διὰ τὸ ὑπολαμβάνειν φρόνησιν μὲν τὴν αἴσθησιν, ταύτην δὲ εἶναι ἀλλοίωσιν, τὸ φαινόμενον κατὰ τὴν αἴσθησιν, ἐξ ἀνάγκης ἀληθὲς εἶναί φασιν. Ἐκ τούτων γὰρ καὶ Ἐμπεδοκλῆς καὶ Δημόκριτος, καὶ τῶν ἄλλων, ὡς ἔπος εἰπεῖν ἕκαστος τοιαύταις δόξαις γεγένηνται ἔνοχοι" ["É por isso que Demócrito afirma que nada é verdadeiro ou está oculto de nós. De modo geral, porém, diz-se que os fenômenos como tomados pela percepção dos sentidos seriam forçosamente verdadeiros, porque a percepção dos sentidos, que, por sua vez, provoca uma mudança [do corpo], é considerada a razão pensante. Exatamente por isso, Empédocles, Demócrito e os demais, como enuncia cada uma de suas sentenças, estavam sujeitos a tais opiniões"]. Aliás, essa passagem da própria *Metafísica* articula a contradição.

[3] Diógenes Laércio, cit., IX, 72: "Οὐ μὴν ἀλλὰ καὶ Ξενοφάνης καὶ Ζήνων ὁ Ἐλεάτης καὶ Δεμόκριτος κατ' αὐτοὺς σκεπτικοὶ τυγχάνουσιν. Δεμόκριτος [...] καὶ πάλιν, αἰτίῃ δὲ οὐδὲν ἴδομεν· ἐν βυθῷ γὰρ ἡ ἀλήθεια" ["Mas também Xenófanes, Zenão de Eleia e Demócrito foram considerados céticos por eles. Demócrito [...], ademais, diz que de fato nada sabemos, pois a verdade está nas profundezas"].

[4] Cf. Ritter, *Geschichte der alten Philosophie*, parte I, p. 579 e seg. [Ritter cita Sexto Empírico, *Adversus mathematicos*, VII, 137. (N. E. A.)]

[5] Diógenes Laércio, cit., IX, [43-]44: "Δοκεῖ δὲ αὐτῷ (isto é, Δεμοκρίτῳ) τάδε ἀρχὰς εἶναι τῶν ὅλων ἀτόμους καὶ κενόν· τὰ δ' ἄλλα πάντα νενομίσθαι, δοξάζεσθαι" ["Ele (isto é, Demócrito) pensa que os princípios do universo são os átomos e o vácuo; tudo o mais, porém, seria suposição, aparência"].

Diferença entre a filosofia da natureza de Demócrito e a de Epicuro

"O frio só existe na suposição, o calor só existe na suposição; o que existe de fato são os átomos e o vácuo."⁶ Em consequência, dos muitos átomos na verdade não advém *um só*, mas, "pela união dos átomos, cada qual *parece* se tornar um só"⁷. Por conseguinte, por meio da razão, devem-se contemplar exclusivamente os princípios que, já por causa de sua pequenez, são inacessíveis ao sentido do olho; eles até se chamam *ideias*⁸. Por outro lado, a manifestação sensível é o único objeto verdadeiro, e a αἴσθησις [*percepção dos sentidos*] é a φρόνησις [*razão*]; esse verdadeiro, no entanto, é mutante, instável, fenômeno. Porém, é contraditório dizer que o fenômeno é o verdadeiro⁹. Portanto, ora um lado, ora o outro é convertido em subjetivo e em objetivo. Desse modo, a contradição parece se manter apartada ao ser distribuída por dois mundos. Demócrito converte, por conseguinte, a realidade sensível em aparência subjetiva; no entanto, a antinomia, banida do mundo dos objetos, passa a existir na autoconsciência de Demócrito, na qual o conceito do átomo e a intuição sensível se defrontam como inimigos.

---

6 Ibidem, 72: "Δεμόκριτος δὲ τὰς ποιότητας ἐκβαλών· ἵνα φησὶ, Νόμῳ ψυχρόν, νόμῳ θερμόν· αἰτίῃ δὲ ἄτομα καὶ κενόν" ["Demócrito, porém, [seria um cético porque] rejeita as qualidades, dizendo: 'O frio só existe na suposição, o calor só existe na suposição; o que existe de fato são os átomos e o vácuo'."].

7 Simplício[, "Comentário a Aristóteles", em Aristóteles, *Opera*, v. 4:] *Scholia in Aristotelem* (Coll[egit Christianus Aug.] Brandis[, Berolini [Berlim], 1836]), p. 488: "Φύσιν μέντοι μίαν ἐξ ἐκείνων κατ᾽ ἀλήθειαν, οὐδ᾽ ἥντινα οὖν γεννᾷ (isto é, Δεμόκριτος) κομιδῇ γὰρ εὔηθες εἶναι τὰ δύο ἢ τὰ πλείονα γίνεσθαι ἄν ποτε ἕν" ["Na verdade, ele (isto é, Demócrito) de modo nenhum permite que surja daqueles [isto é, dos átomos] uma substância única, pois totalmente maluca seria a opinião de que duas ou muitas coisas possam algum dia se tornar uma só"]; p. 514: "καὶ διὰ τοῦτο οὐδ᾽ ἐξ ἑνὸς πολλὰ γίνεσθαι ἔλεγον (isto é, Δεμόκριτος καὶ Λεύκιππος) [...] οὔτε ἐκ πολλῶν ἕν κατ᾽ ἀλήθειαν συνεχὲς, ἀλλὰ τῇ συμπλοκῇ τῶν ἀτόμων ἕκαστον ἓν δοκεῖ γίνεσθαι" ["E por isso (isto é, por causa da indivisibilidade dos corpos originais) eles (isto é, Demócrito e Leucipo) disseram que nem de uma coisa só surgem muitas [...] nem de muitas surge uma só verdadeiramente coesa, mas cada coisa uma parece devir do entrelaçamento dos átomos"].

8 Plutarco, *Adversus Colotem*, p. 1.111: "τὰς ἀτόμους ἰδέας ὑπ᾽ αὐτοῦ (isto é, Δεμοκρίτου) καλουμένας" ["Os átomos que são denominados *ideias* por ele (isto é, Demócrito)"].

9 Cf. Aristóteles, cit.

Portanto, Demócrito não escapa à antinomia. E este ainda não é o lugar para aclará-la. Basta saber que sua existência não pode ser negada.

Em contraposição, ouçamos Epicuro.

Ele diz que *o sábio se comporta dogmática, e não ceticamente*[10]. Sua vantagem em relação a todos é justamente esta: ele sabe com convicção[11]. No *Cânon*, consta isto: "Todos os sentidos são arautos do verdadeiro"[12]. *"Nada existe que possa contradizer as sensações;* tampouco uma sensação homogênea pode contradizer outra sensação homogênea, porque uma e outra são equipolentes, nem uma sensação heterogênea pode contradizer outra heterogênea, porque os objetos de seus juízos não são os mesmos, nem o conceito pode contradizer as sensações, porque o conceito depende totalmente das sensações."[13] Porém, enquanto *Demócrito* converte *o mundo sensível* em *aparência subjetiva, Epicuro* o transforma em *manifestação objetiva.* E, nesse ponto,

---

[10] Diógenes Laércio, cit., X, 120: "δογματιεῖν τε (isto é, σοφόν), καὶ οὐκ ἀπορήσειν" ["Ele (isto é, o sábio) sustentará teses e não aporias"].

[11] Plutarco, *Adversus Colotem*, p. 1.117: "ἓν γάρ ἐστι τῶν Ἐπικούρου δογμάτων τὸ μηδὲν ἀμεταπείστως πεπεῖσθαι μηδένα, πλὴν τὸν σοφόν" ["Pois uma das teses de Epicuro é que ninguém além do sábio está irredutivelmente persuadido de algo"].

[12] Cícero, *De natura deorum*, I, 25: "Omneis sensus veri nuntios *dixit* (isto é, *Epicurus) esse*" ["Ele (isto é, Epicuro) diz que *todos os sentidos são arautos do verdadeiro*"]. Cf. Idem, *De finibus bonorum et malorum*, I, 7 [*Judicia rerum in sensibus ponit*, ou Os juízos sobre as coisas atribui aos sentidos. (N. E. A.)]. (Plutarco,) *De placitis philosophorum*, IV, p. 287: "Ἐπίκουρος πᾶσαν αἴσθησιν καὶ πᾶσαν φαντασίαν ἀληθῆ" ["Para Epicuro, toda percepção sensível e toda representação são verdadeiras"].

[13] Diógenes Laércio, cit., X, 31-2: "Ἐν τοίνυν τῷ κανόνι λέγει ὁ Ἐπίκουρος, κριτήρια τῆς ἀληθείας εἶναι τὰς αἰσθήσεις καὶ τὰς προλήψεις καὶ τὰ πάθη. [...] Οὐδ᾽ ἔστι τὸ δυνάμενον αὐτὰς διελέγξαι. Οὔτε γὰρ ἡ ὁμοιογενὴς αἴσθησις τὴν ὁμοιογενῆ, διὰ τὴν ἰσοσθένειαν· οὔθ᾽ ἡ ἀνομοιογενὴς τὴν ἀνομοιογενῆ. Οὐ γὰρ τῶν αὐτῶν εἰσι κριτικαί. Οὔθ᾽ ἡ ἑτέρα τὴν ἑτέραν· πάσαις γὰρ προσέχομεν. Οὔτε μὴν ὁ λόγος· πᾶς γὰρ λόγος ἀπὸ τῶν αἰσθήσεων ἤρτηται" ["Portanto, no *Cânon*, Epicuro diz que os critérios da verdade são as percepções dos sentidos, as prolepses [conceitos resultantes de múltiplas percepções de um objeto] e os sentimentos [sensações de agrado ou desagrado como critério do que deve ser buscado ou evitado]. [...] Não há nada que possa refutá-las [isto é, as percepções dos sentidos]. Pois uma percepção sensível não refuta uma percepção sensível do mesmo gênero, dado que são equivalentes, nem refuta uma de gênero diferente, dado que não emitem juízo sobre os mesmos objetos. Portanto, uma não refuta a outra; atemo-nos a todas. Tampouco o pensamento lógico pode fazê-lo, pois todo pensamento lógico depende das percepções dos sentidos"].

Diferença entre a filosofia da natureza de Demócrito e a de Epicuro

ele se diferencia conscientemente, pois afirma que compartilha *os mesmos princípios, mas que não* converte as qualidades sensíveis em *apenas opinadas*[14].

Portanto, sendo a percepção sensível o critério de Epicuro, corresponde-lhe a manifestação objetiva; assim, só podemos considerar consequência correta aquilo que Cícero desdenha. "Para Demócrito, o Sol parece grande porque ele é um homem da ciência sumamente versado em geometria; para Epicuro, ele teria o tamanho de dois pés, pois julga que ele *é* tão grande quanto *parece* ser."[15]

---

[14] Plutarco, *Adversus Colotem*, p. 1.110-1: "Τὸ γὰρ νόμῳ χροιὴν εἶναι, καὶ νόμῳ γλυκὺ καὶ νόμῳ σύγκρισιν [ἅπασαν, ἐτεῇ δὲ τὸ κενὸν καὶ] τὰς ἀτόμους εἰρημένον φησὶν ὑπὸ Δημοκρίτου [μάχεσθαι] ταῖς αἰσθήσεσι [...] πρὸς τοῦτον ἀντειπεῖν μὲν οὐδὲν ἔχω τὸν λόγον, εἰπεῖν δέ, ὅτι ταῦτα τῶν Ἐπικούρου δογμάτων οὕτως ἀχώριστά ἐστι, ὡς τὸ σχῆμα καὶ τὸ βάρος αὐτοὶ τῆς ἀτόμου λέγουσιν. Τί γὰρ λέγει Δημόκριτος; οὐσίας ἀπείρους τὸ πλῆθος, ἀτόμους τε καὶ [ἀ]διαφόρους [ου: ἀδιαφθόρους], ἔτι δὲ ἀποίους καὶ ἀπαθεῖς ἐν τῷ κενῷ φέρεσθαι διεσπαρμένας, ὅταν δὲ πελάσωσιν ἀλλήλαις, ἢ συμπέσωσιν, ἢ περιπλακῶσι φαίνεσθαι τῶν ἀθροϊζομένων τὸ μὲν πῦρ, τὸ δὲ ὕδωρ, τὸ δὲ φυτόν, τὸ δὲ ἄνθρωπον· εἶναι δὲ πάντας τὰς ἀτόμους ἰδέας ὑπ' αὐτοῦ καλουμένας, ἕτερον δὲ μηθέν, ἐκ μὲν γὰρ τοῦ μὴ ὄντος οὐκ εἶναι γένεσιν· ἐκ δὲ τῶν [ὄντων] μηθὲν ἂν γίνεσθαι, τῷ μήτε πάσχειν, μήτε μεταβάλλειν τὰς ἀτόμους ὑπὸ στερρότητος, ὅθεν οὔτε χρόαν ἐξ ἀχρώστων, οὔτε φύσιν ἢ ψυχὴν ἐξ ἀποίων [...] ὑπάρχειν. Ἐγκλητέος οὖν ὁ Δημόκριτος, οὐχὶ τὰ συμβαίνοντα ταῖς ἀρχαῖς ὁμολογῶν, ἀλλὰ λαμβάνων ἀρχάς, αἷς ταῦτα συμβέβηκεν. [...] Ὁ Ἐπίκουρός φησι, ἀρχὰς μὲν ὑποτίθεσθαι τὰς αὐτάς, οὐ λέγειν δὲ νόμῳ χροιὴν [...] καὶ τὰς ἄλλας ποιότητας" ["Pois, a respeito do que disse Demócrito, a saber, que existe cor apenas por suposição, o doce apenas por suposição e toda combinação de coisas apenas por suposição, [mas o que existiria de fato é o vácuo e] os átomos, ele [isto é, Colotes] diz que isso [contradiz] as percepções dos sentidos. [...] Não tenho nada a objetar a tal argumento, mas preciso dizer que essas coisas são tão inseparáveis das teorias de Epicuro quanto, pelo que eles mesmos dizem, a forma e o peso com o átomo. Pois o que diz Demócrito? As substâncias em quantidade ilimitada, indivisíveis e [in]distintas [ou: indestrutíveis], ademais destituídas de qualidades e sensação, vagavam esparsas pelo vácuo; mas quando elas se aproximavam umas das outras ou colidiam ou se ligavam umas às outras, o que surgiu daí ganhou o aspecto de fogo ou de água ou de planta ou de ser humano; mas tudo não passaria de átomos, por ele chamados de ideias, e nada além disso, pois não haveria gênese a partir do não existente; do [existente] tampouco surge algo, porque os átomos, em virtude de sua consistência, não sofrem [incidência] nem se modificam e, por isso, não existe nem uma cor que teria de [...] surgir do incolor nem um ente ou uma alma de algo destituído de qualidades. É preciso criticar Demócrito não por aceitar as consequências dos seus princípios, mas por acolher princípios que têm tais consequências. [...] *Epicuro diz que se baseia nos mesmos princípios, mas nega que a cor [...] e as demais qualidades existiriam só conforme suposição*"].

[15] Cícero, *De finibus*, I, 6: "*Sol Democrito magnus videtur, quippe homini erudito in geometriaque perfecto; huic* (isto é, Epicuro) *bipedalis fortasse; tantum enim esse censet, quantus*

Karl Marx

B) *Essa diferença* entre o *juízo teórico* de Demócrito e o de Epicuro sobre a certeza da ciência e a verdade de seus objetos se *efetiva* na *disparidade da energia científica* e da *práxis* desses homens.

Demócrito, para quem o princípio não ingressa na manifestação, permanecendo sem realidade e existência, depara-se, em contraposição, com o *mundo da percepção sensível* como real e pleno de conteúdo. Ele, de fato, é aparência subjetiva e, justamente por isso, dissociada do princípio, mantida em sua realidade autônoma; sendo, ao mesmo tempo, único objeto real, é *como tal* que ele tem valor e significado. Em consequência, Demócrito é impelido para a *observação empírica*. Insatisfeito na filosofia, lança-se nos braços da *ciência positiva*. Já ouvimos que Cícero o chama de *vir eruditus* [homem erudito]. Ele é versado na física, na ética, na matemática, nas disciplinas encíclicas*, em toda arte[16]. O catálogo de livros em Diógenes Laércio já atesta sua erudição[17]. Porém, por ser caráter da erudição almejar a amplitude, colecionar coisas e buscar no exterior, vemos Demócrito *percorrer meio mundo* para trocar experiências, conhecimentos e observações. Ele se vangloria nos seguintes termos:

> De todos os meus contemporâneos, fui eu que percorri a maior parte da Terra, explorando os lugares mais remotos, vi a maioria dos quadrantes e dos territórios e ouvi a maior parte dos homens cultos; na composição literária com demonstração, ninguém me superou – nem aquele egípcio chamado Arsepedonapten".[18]

---

videtur" ["*O Sol* parece grande para Demócrito porque ele é um homem erudito e formado em geometria; para este (isto é, Epicuro), ele teria o tamanho de dois pés, pois julga que ele *é* tão grande quanto *parece* ser"]. Cf. (Plutarco,) *De placitis philosophorum*, II, p. 265[: "'Επίκουρός [...] φησὶν, [...] ἢ τηλικοῦτον, ἡλίκος φαίνεται, ἢ μικρῷ μείζω, ἢ ἐλάττω" ["Epicuro [...] diz que [...] ele é tão grande quanto parece ser ou um pouco maior ou um pouco menor"]. (N. E. A.)]

* Gramática, dialética, retórica, música, aritmética, geometria e astronomia. (N. E. A.)

[16] Diógenes Laércio, cit., IX, 37: "Τὰ γὰρ φυσικὰ καὶ τὰ ἠθικὰ, ἀλλὰ καὶ τὰ μαθηματικὰ καὶ τοὺς ἐγκυκλίους λόγους καὶ περὶ τεχνῶν πᾶσαν εἶχεν (isto é, Δημόκριτος) ἐμπειρίαν" ["Ele (isto é, Demócrito) era versado nos campos da física e da ética, bem como na matemática, nas disciplinas periódicas e nas técnicas"].

[17] Cf. ibidem, § 46[-9].

[18] Eusébio, *Praeparatio evangelica* [(ed. Franciscus Vigerus Rothomagensis, Paris, 1628)], X, p. 472: "Καί που σεμνυνόμενος περὶ ἑαυτοῦ φησιν (isto é, Δημόκριτος)· ἐγὼ δὲ

Diferença entre a filosofia da natureza de Demócrito e a de Epicuro

Demétrio, nos Ὁμονύμοις [*Homônimos*], e *Antístenes*, nos Διαδοχαῖς [*Diádocos*], contam que ele teria viajado ao Egito para aprender geometria com os sacerdotes, ido até os caldeus* na Pérsia e, inclusive, chegado ao mar Vermelho. Alguns afirmam que se teria encontrado também com os gimnosofistas na Índia e que teria pisado o solo da Etiópia[19]. Por um lado, é a *sede de saber* que não lhe dá sossego; ao mesmo tempo, é a *insatisfação causada pelo saber verdadeiro, isto é, filosófico*, que o impele para o vasto mundo. O saber que ele considera verdadeiro é desprovido de conteúdo; o saber que lhe confere conteúdo é desprovido da verdade. Pode até ser uma fábula, mas uma fábula verdadeira, por descrever o contraditório de sua essência, esta anedota dos antigos: Demócrito teria cegado a si próprio para que a *luz sensível aos olhos* não obscurecesse a *acuidade do espírito*[20].

τῶν κατ' ἐμαυτὸν ἀνθρώπων πλείστην γῆν διεπλανησάμην, ἱστορέων τὰ μήκιστα, καὶ ἀέρας καὶ γαίας πλείστας εἶδον, καὶ λογίων ἀνθρώπων πλείστων ἐπήκουσα· καὶ γραμμέων συνθέσιος μετ' ἀποδείξεως οὐδείς, κἀμέ, παρήλλαξεν οὔτε Αἰγυπτίων οἱ καλούμενοι Ἀρσεπεδονάπται, οἷς ἐπὶ πᾶσιν ἐπ' ἔτεα ὀγδοήκοντα ἐπὶ ξένης ἐγενήθην. Ἐπῆλθε γὰρ καὶ οὗτος Βαβυλῶνά τε καὶ τὴν Περσίδα καὶ Αἴγυπτον, τοῖς Αἰγυπτίοις καὶ τοὺς ἱερεῦσι μαθητεύων" ["E em algum lugar ele (isto é, Demócrito) diz, em termos elogiosos, sobre si mesmo: 'Entre meus contemporâneos, quem percorreu a maior parte da Terra fui eu; explorei os lugares mais remotos, vi a maior parte dos quadrantes e dos países e ouvi a maioria dos homens eruditos; na argumentação baseada em provas, ninguém até hoje me superou – nem mesmo os egípcios chamados de arsepedonaptas [provavelmente "arpedonaptas", os agrimensores egípcios], entre os quais residi como estrangeiro durante oitenta [texto incerto; provavelmente "cinco"] anos'. Pois ele também foi até a Babilônia e a Pérsia e ao Egito, onde aprendeu com os egípcios [texto incerto: provavelmente "magos"] e os sacerdotes"].

* No mundo greco-romano, sinônimo de astrólogos e astrônomos orientais. (N. E. A.)

[19] Diógenes Laércio, IX, 35: "Φησὶ δὲ Δημήτριος ἐν ὁμωνύμοις, καὶ Ἀντισθένης ἐν διαδοχαῖς, ἀποδημῆσαι αὐτὸν (isto é, Δημόκριτον) καὶ εἰς Αἴγυπτον πρὸς τοὺς ἱερέας, γεωμετρίαν μαθησόμενον, καὶ πρὸς Χαλδαίους εἰς τὴν Περσίδα καὶ εἰς τὴν ἐρυθρὰν θάλασσαν γενέσθαι. Τοῖς δὲ Γυμνοσοφισταῖς φασί τινες συμμίξαι αὐτὸν ἐν Ἰνδίᾳ, καὶ εἰς Αἰθιοπίαν ἐλθεῖν" ["Demétrio, no escrito *Homônimos*, e Antístenes, em *Diádocos*, contam que ele (isto é, Demócrito) também viajou até o Egito para aprender geometria com os sacerdotes, foi até os caldeus na Pérsia e chegou ao mar Vermelho. Há quem afirme que ele também esteve com os gimnosofistas na Índia e teria ido até a Etiópia"].

[20] Cícero, *Quaestiones tusculanae* [Tusculanarum quaestionum libri V, em Opera philosophica ad exemplar Londinense edita (Berolini [Berlim], 1745)], V, 39: "*Democritus, luminibus amissis, [...]. Atque hic vir impediri animi etiam aciem adspectu oculorum*

Karl Marx

É o mesmo homem que, como diz Cícero, percorreu meio mundo. Ele, porém, não encontrou o que procurava.
A figura oposta aparece diante de nós em Epicuro.
Epicuro está *satisfeito* e *feliz* na *filosofia*. Ele diz: "Deves servir à filosofia para que alcances a verdadeira liberdade. Não precisa protelar nada aquele que se submeteu e se entregou a ela; de imediato, vai se emancipar. Pois isto mesmo, servir à filosofia, é liberdade"[21]. Por conseguinte, ele ensina: "Nenhum jovem deve demorar a filosofar e nenhum velho deve parar de filosofar, pois nunca é cedo nem tarde demais para a saúde da alma. Afirmar que a hora de filosofar ainda não chegou ou já passou é a mesma coisa que dizer que a hora da felicidade ainda não chegou ou já passou"[22]. Ao passo que Demócrito,

---

arbitrabatur, et, quum alii saepe, quod ante pedes esset, non viderent, ille infinitatem peregrinabatur, ut nulla in extremitate consisteret" ["Demócrito, tendo perdido a luz dos olhos [...]. E este homem até acreditava que a acuidade do espírito é prejudicada pela visão e, ao passo que outros muitas vezes não veem o que está diante dos seus pés, ele percorria o infinito e não se detinha diante de nenhum ponto extremo"]. Idem, *De finibus*, V, 27: "*Democritus [...] qui [...] dicitur oculis se privasse, certe ut quam minime animus a cogitationibus abduceretur*" ["Demócrito [...], de quem [...] se diz se privou dos olhos, decerto *para que o espírito fosse desviado o mínimo possível pelas reflexões*"].

[21] Lúcio Aneu Sêneca, *Opus II*, epístola oitava, p. 24 ["Ad Lucilium epistolae", em *Opera quae extant*, t. 2,] ed. Amstelodami [Amsterdã], 1672): "*Adhuc Epicurum replicamus [...] philosophiae servias oportet, ut tibi contingat vera libertas. Non differtur in diem, qui se illi subjecit et tradidit; statim circumagitur. Hoc enim ipsum, philosophiae servire, libertas est*". ["Ainda consultamos Epicuro [...]. Deves servir à filosofia para que te caiba a verdadeira liberdade. Não será postergado para o dia seguinte quem se sujeitou e se entregou a ela; imediatamente a alcançará. Pois liberdade é justamente isto: servir à filosofia"].

[22] Diógenes Laércio, cit., X, 122: "Μήτε νέος τις ὢν μελλέτω φιλοσοφεῖν μήτε γέρων ὑπάρχων κοπιάτω φιλοσοφῶν. Οὔτε γὰρ ἄωρος οὐδείς ἐστιν, οὔτε πάρωρος πρὸς τὸ κατὰ ψυχὴν ὑγιαίνειν. Ὁ δὲ λέγων, ἢ μήπω τοῦ φιλοσοφεῖν ὑπάρχειν ὥραν, ἢ παρεληλυθέναι τὴν ὥραν, ὅμοιός ἐστι τῷ λέγοντι, πρὸς εὐδαιμονίαν ἢ μὴ παρεῖναι τὴν ὥραν, ἢ μηκέτι εἶναι. Ὥστε φιλοσοφητέον καὶ γέροντι καὶ νέῳ[· τῷ μὲν], ὅπως γηράσκων νεάζῃ τοῖς ἀγαθοῖς, διὰ τὴν χάριν τῶν γεγονότων· τῷ δὲ, ὅπως νέος ἅμα καὶ παλαιὸς ᾖ, διὰ τὴν ἀφοβίαν τῶν μελλόντων" ["O jovem não hesite em querer praticar a filosofia nem o velho se canse de fazê-lo, pois para ninguém é cedo demais nem tarde demais para ter uma alma saudável. Porém, quem diz que ainda não é hora de filosofar ou que a hora de fazer isso passou é semelhante a quem afirma que a hora de ser feliz já passou ou ainda não chegou. Portanto, é preciso que tanto o velho quanto o jovem filosofem – aquele para que mesmo na velhice permaneça jovem em virtude das coisas boas em gratidão pelo que passou, este para que seja jovem e velho ao mesmo tempo, por estar livre de medo das coisas futuras"]. Cf. Clemente de Alexandria, cit., IV, p. 501. [Clemente cita a passagem mencionada e também a *Carta a Meneceu*, de Epicuro. (N. E. A.)]

Diferença entre a filosofia da natureza de Demócrito e a de Epicuro

insatisfeito com a filosofia, lança-se nos braços do saber empírico, *Epicuro despreza as ciências positivas*, pois elas não contribuem com nada para *o verdadeiro aperfeiçoamento*[23]. Ele é chamado de *inimigo da ciência*, desdenhador da gramática[24]. Ele chega a ser acusado de ignorância; "mas", diz um epicurista* em Cícero, "não faltou erudição a Epicuro, incultos são aqueles que acreditam que ainda se deva dizer a respeito do ancião aquilo que é vergonhoso para o menino não saber"[25].

Enquanto *Demócrito* procura aprender sobre *sacerdotes egípcios, caldeus da Pérsia* e *gimnosofistas indianos, Epicuro* se vangloria de não ter tido *nenhum mestre*, de ser *autodidata*[26]. Segundo Sêneca, ele diz que algumas pessoas se empenham pela verdade sem nenhuma

---

[23] Sexto Empírico, *Adversus mathematicos*, p. 1: "Τὴν πρὸς τοὺς ἀπὸ τῶν μαθημάτων ἀντίρρησιν κοινότερον μὲν διατεθεῖσθαι δοκοῦσι οἱ περὶ τὸν Ἐπίκουρον καὶ οἱ ἀπὸ τοῦ Πύρρωνος οὐκ ἀπὸ τῆς αὐτῆς διαθέσεως, ἀλλ᾽ οἱ μὲν περὶ τὸν Ἐπίκουρον, ὡς τῶν μαθημάτων μηδὲν συνεργούντων πρὸς σοφίας τελείωσιν" ["A contestação contra os representantes das ciências exatas é feita pelos adeptos de Epicuro e pelos de Pirro, mas não pela mesma razão, pois os de Epicuro o fazem porque as ciências exatas em nada contribuiriam para o aperfeiçoamento da sabedoria"].

[24] Ibidem, p. 11: "ἐν οἷς θετέον καὶ τὸν Ἐπίκουρον, εἰ καὶ δοκεῖ [τοῖς] ἀπὸ [τῶν] μαθημάτων διεχθραίνειν" ["Entre esses é preciso incluir Epicuro, mesmo que ele hostilize os [representantes] das ciências exatas"]. Ibidem, p. 54: "τοὺς [...] γραμματικῆς κατηγόρους, Πύρρωνά τε καὶ Ἐπίκουρον" ["os [...] críticos da gramática, Pirro e Epicuro"]. Cf. Plutarco, *De eo, quod secundum Epicurum non beate vivi possit*, p. 1.094. [Plutarco, "Commentarius Ne suaviter quidem vivi posse secundum Epicuri decreta, docent", in *Omnium, quae extant, operum tomus secundum, continens Moralia* (Gulielmo Xylandro interprete, Francofurti [Frankfurt], 1599. (N. E. A.)]

* Lucius Manlius Torquatus. (N. E. A.)

[25] Cícero, *De finibus*, I, 21: "*Non ergo Epicurus ineruditus, sed ii indocti, qui, quae pueros non didicisse turpe est, ea putent usque ad senectutem esse discenda*" ["Portanto, não é Epicuro que é inculto; indoutos são aqueles que acham que é preciso ensinar até a idade avançada aquilo que é vergonhoso que os meninos não tenham aprendido"].

[26] Diógenes Laércio, cit., X, 13: "Τοῦτον (isto é, Ἐπίκουρον) Ἀπολλόδωρος ἐν χρονικοῖς Λυσιφάνους ἀκοῦσαί φησι καὶ Πραξιφάνους· αὐτὸς δὲ οὔ φησι, ἀλλ᾽ ἑαυτοῦ, ἐν τῇ πρὸς Εὐρύδικον ἐπιστολῇ" ["Apolodoro diz, na *Crônica*, que ele (isto é, Epicuro) ouviu Lisífano [em edições modernas, Nausífano] e Praxífano; porém, ele mesmo afirma, na carta a Eurídico [em edições modernas, Euríloco], que é autodidata"]. Cícero, *De natura deorum*, I, 26: "*Quum quidem gloriaretur* (isto é, *Epicurus*), *se magistrum habuisse nullum, quod et non praedicanti tamen facile crederem*" ["Quanto a gloriar-se de não ter tido nenhum mestre, eu facilmente creria se ele (isto é, Epicuro) não fizesse tanto alarde"].

ajuda. Entre esses, ele próprio teria aberto seu caminho. E os autodidatas são os mais elogiados por ele. Os demais seriam cérebros de segunda categoria[27]. Ao passo que Demócrito é impelido a todas as regiões do mundo, Epicuro deixa seu jardim, quando muito, duas ou três vezes para ir a Atenas e viaja à Jônia não para fazer pesquisas, mas para visitar amigos[28]. Por fim, enquanto Demócrito, perdendo as esperanças depositadas no saber, cega a si próprio, Epicuro, ao sentir que a hora da morte se aproxima, toma um banho quente e deseja beber um bom vinho, recomendando aos amigos que se mantenham fiéis à filosofia[29].

C) As diferenças recém-explicitadas não devem ser atribuídas à individualidade casual dos dois filósofos; encarnam-se neles duas tendências opostas. Vemos como diferença entre as energias práticas o que já se expressou como diferença entre as consciências teóricas.

Analisamos, por fim, a *forma de reflexão* que representa *a relação entre a ideia e o ser, o relacionamento de ambos*. Ao atribuir ao mundo

---

[27] Sêneca, *Epístola 52*, p. [176-]177: "*Quosdam, ait Epicurus, ad veritatem sine ullo adjutorio contendere; ex iis se fecisse sibi ipsum viam. Hos maxime laudat, quibus ex se impetus fuit, qui se ipsi protulerunt. Quosdam indigere ope aliena non ituros, si nemo praecesserit, sed bene secuturos. Ex his Metrodorum ait esse. Egregium hoc quoque, sed secundae sortis ingenium*" ["Epicuro diz que há os que se empenham pela verdade sem qualquer auxílio; entre esses, ele próprio teria aberto seu caminho. Ele louva ao máximo os que possuem um impulso a partir de si mesmos, que avançaram por si mesmos. Há os que precisam de ajuda de outros e não iriam se ninguém os precedesse, mas então seguem com vontade. Entre esses, diz ele, está Metrodoro. Este também teria uma mente excelente, mas de segunda categoria"].

[28] Diógenes Laércio, cit., X, 10: "Καὶ χαλεπωτάτων δὲ καιρῶν κατασχόντων τηνικαῦτα τὴν Ἑλλάδα, αὐτόθι καραβιῶναι, δὶς ἢ καὶ τρὶς ἐπὶ τοὺς περὶ τὴν Ἰωνίαν τόπους διαδραμόντα πρὸς τοὺς φίλους, οἳ καὶ πανταχόθεν πρὸς αὐτὸν ἀφικνοῦντο, καὶ συνεβίουν αὐτῷ ἐν τῷ κήπῳ, καθά φησι καὶ Ἀπολλόδωρος· ὃν καὶ ὀγδοήκοντα μνῶν πρίασθαι" ["E, embora tempos difíceis tenham sobrevivido à Grécia, ele passou sua vida ali; ele teria ido duas ou três vezes até a Jônia para visitar amigos, os quais também saíam de todas as partes para encontrá-lo e conviviam com ele no jardim, segundo diz também Apolodoro; este [a saber, o jardim] ele teria comprado por oitenta minas"].

[29] Ibidem X, 15-6: "Ὅτε καί φησιν Ἕρμιππος ἐμβάντα αὐτὸν εἰς πύελον χαλκῆν, κεκραμένην ὕδατι θερμῷ, καὶ αἰτήσαντα ἄκρατον ῥοφῆσαι. Τοῖς τε φίλοις παραγγείλαντα τῶν δογμάτων μεμνῆσθαι, τελευτῆσαι" ["Então Hérmipo também diz que ele teria entrado em uma banheira de cobre, cheia de água aquecida, pedido vinho puro e que o bebera. Em seguida, recomendando aos amigos que guardassem na memória suas doutrinas, teria falecido"].

Diferença entre a filosofia da natureza de Demócrito e a de Epicuro

e à ideia uma relação geral recíproca, o filósofo somente torna objetivo o modo como seu consciente específico se relaciona com o mundo real.

Ora, Demócrito emprega como forma de reflexão da realidade a *necessidade*[30]. Aristóteles diz que ele deriva tudo da necessidade[31]. Diógenes Laércio relata que a voragem dos átomos, causadora da gênese de tudo, é a necessidade democrítica[32]. De modo mais satisfatório, fala sobre isso o autor de *De placitis philosophorum*: a necessidade seria, segundo Demócrito, o destino e o direito, a providência e a criadora do mundo. Porém, a substância dessa necessidade seria a antitipia, o movimento e o entrechoque da matéria[33]. Há passagem parecida nas *Éclogas físicas* de Estobeu[34] e no livro VI da *Praeparatio*

---

[30] Cícero, "De fato liber singularis" [em *Opera philosophica ad exemplar Londinense edita* (Berolini [Berlim], 1745), 10: "*Epicurus vitari fati necessitatem, Democritus accipere maluit, necessitate omnia fieri*" ["Epicuro acreditava que se pode evitar o destino da necessidade, enquanto Demócrito preferia acreditar que tudo acontece por necessidade"]. Idem, *De natura deorum*, I, 25: "*Invenit, quomodo necessitatem effugeret, quod videlicet Democritum fugerat*" ["Ele achou um modo de escapar à necessidade, o qual pelo visto não ocorrera a Demócrito"]. Eusébio, *Praeparatio evangelica*, I, p. 23 e seg.: "Δεμόκριτος ὁ Ἀβδηρίτης [...] ἄνωθεν δὲ ὅλως ἐξ ἀπείρου χρόνου προκατέχεσθαι τῇ ἀνάγκῃ πάντα ἁπλῶς τὰ γεγονότα καὶ ὄντα καὶ ἐσόμενα" ["Demócrito, o abderita [...]: desde o início e há tempos ilimitados, pura e simplesmente tudo o que aconteceu, o que acontece e o que acontecerá é determinado pela necessidade"].

[31] Aristóteles, *De generatione animalium*, V, 8: "Δεμόκριτος [...] πάντα ἀνάγει εἰς ἀνάγκην" ["Demócrito [...] deriva tudo da *necessidade*"].

[32] Diógenes Laércio, cit., IX, 45: "Πάντα τε κατ᾽ ἀνάγκην γίνεσθαι, τῆς δίνης αἰτίας οὔσης τῆς γενέσεως πάντων, ἣν ἀνάγκην λέγει (isto é, Δεμόκριτος)" ["Tudo acontece por necessidade, sendo a voragem a causa do surgimento de todas as coisas, a qual ele (isto é, Demócrito) chama de *necessidade*"].

[33] [Plutarco,] *De placitis philosophorum*, I, p. 252: "Παρμενίδης καὶ Δεμόκριτος πάντα κατ᾽ ἀνάγκην, τὴν δ᾽ αὐτὴν εἶναι εἱμαρμένην καὶ δίκην καὶ πρόνοιαν καὶ κοσμοποιόν" ["Parmênides e Demócrito: tudo acontece por *necessidade*; ela mesma seria o *destino* e o *direito*, a *providência* e a *criadora do mundo*"].

[34] Estobeu, *Eclogarum physicarum* [*et ethicarum libri duo* (Aureliae Allobrogum [Genebra], 1609)], I, 8: "Παρμενίδου καὶ Δεμοκρίτου· οὗτοι πάντα κατ᾽ ἀνάγκην, τὴν δ᾽ αὐτὴν εἶναι εἱμαρμένην καὶ δίκην καὶ πρόνοιαν. Λευκίππου· πάντα κατ᾽ ἀνάγκην, τὴν δ᾽ αὐτὴν ὑπάρχειν εἱμαρμένην. Λέγει γὰρ [...] οὐδὲν χρῆμα μάτην γίγνεται, ἀλλὰ πάντα ἐκ λόγου τε καὶ ὑπ᾽ ἀνάγκης" ["De Parmênides e Demócrito: tudo acontece por *necessidade*; ela mesma seria o *destino* e o *direito* e a *providência*. De Leucipo: tudo acontece por *necessidade*; ela mesma seria o *destino*. Pois ele diz [...] que nada acontece espontaneamente, mas tudo por uma razão e por *necessidade*"].

evangelica [Preparação evangélica] de Eusébio[35]. Nas *Éclogas éticas* de Estobeu, foi conservada a seguinte sentença de Demócrito[36], que no livro XIV de Eusébio é repetida quase nos mesmos termos[37]: *os seres humanos simulam para si a imagem ilusória do acaso – manifestação de sua própria perplexidade, pois o acaso conflita com um pensamento consistente*. Na mesma linha, *Simplício* interpreta como sendo de Demócrito uma passagem na qual Aristóteles fala da doutrina antiga que suprime o acaso[38].

Em contraposição, Epicuro diz:

---

[35] Eusébio, *Praeparatio evangelica*, VI, p. 257: "Εἱμαρμένη, πεπρωμένη [...] τῷ (isto é, Δεμοκρίτῳ) δὲ ἐκ τῆς τῶν μικρῶν ἐκείνων σωμάτων, τῶν φερομένων κάτω, καὶ ἀναπαλλομένων ἄνω, καὶ περιπλεκομένων καὶ διαλυομένων καὶ δϋσταμένων καὶ παρατιθεμένων ἐξ ἀνάγκης" ["O *destino*, que [...] para o outro (isto é, Demócrito) é estabelecido por aqueles pequenos corpos que por *necessidade* são conduzidos para baixo e de novo carregados para cima, que se interligam e voltam a desligar-se, que se dispersam e voltam a juntar-se"].

[36] Estobeu, *Eclogarum [physicarum et] ethicarum*, II [p. 198]: "Ἄνθρωποι τύχης εἴδωλον ἐπλάσαντο, πρόφασιν ἰδίης ἀβουλίης· βαιᾷ γὰρ φρονήσει τύχη μάχεται" ["As pessoas moldam para si uma figura da fortuna, a pretexto de sua própria perplexidade, pois a fortuna conflita com a inteligência escassa"].

[37] Eusébio, *Praeparatio evangelica*, XIV, p. 782: "Καὶ τὴν τύχην τῶν μὲν καθόλου καὶ τῶν θείων δέσποιναν ἐφιστὰς (isto é, Δεμόκριτος) καὶ βασιλίδα, καὶ πάντα γίνεσθαι κατ᾽ αὐτὴν ἀποφαινόμενος· τοῦ δὲ τῶν ἀνθρώπων αὐτὴν ἀποκηρύττων βίου, καὶ [τοὺς] πρεσβεύοντας αὐτὴν ἐλέγχων ἀγνώμονας, τῶν γ᾽ οὖν ὑποθηκῶν ἀρχόμενος λέγει· Ἄνθρωποι τύχης εἴδωλον ἐπλάσαντο πρόφασιν ἰδίης ἀνοίης· φύσει γὰρ γνώμῃ τύχῃ μάχεται, καὶ τὴν ἐχθίστην τῇ φρονήσει ταύτην αὐτὴν ἔφασαν κρατεῖν· μᾶλλον δὲ καὶ ταύτην ἄρδην ἀναιροῦντες καὶ ἀφανίζοντες ἐκείνην ἀντικαθίστασιν αὐτῆς. Οὐ γὰρ εὐτυχῆ τὴν φρόνησιν, ἀλλ᾽ ἐμφρονεστάτην ὑμνοῦσι τὴν τύχην" ["Ele (isto é, Demócrito), que alçou a fortuna à condição de senhora e rainha do universal e do divino e afirmou que tudo acontece por meio dela, mas a manteve afastada da vida humana e chamou seus proclamadores de ignorantes, disse no início de suas exposições que as pessoas moldam para si uma figura da fortuna, a pretexto de sua própria perplexidade; por sua natureza, a razão conflita com a fortuna, e foi dito que essa grande inimiga da inteligência a subjuga – ou melhor, eliminando-a e descartando-a por completo, a fortuna toma seu lugar. Pois não louvam a inteligência como afortunada, mas a fortuna como sumamente inteligente"]. [Eusébio cita o escrito Περὶ φύσεως [Sobre a natureza], do bispo alexandrino Dionísio, no qual este combate teorias atomistas. (N. E. A.)]

[38] Simplício, cit., p. 351: "Τὸ καθάπερ ὁ παλαιὸς λόγος ἀναιρῶν τὴν τύχην πρὸς Δημόκριτον ἔοικεν εἰρῆσθαι" ["A passagem 'segundo a antiga palavra que eliminou a fortuna' parece referir-se a Demócrito"]. [Simplício comenta a passagem de Aristóteles, *Física*, 196 a 14. (N. E. A.)]

Diferença entre a filosofia da natureza de Demócrito e a de Epicuro

A necessidade, introduzida por alguns como a senhora de tudo, *não o é*; algumas coisas são *fruto do acaso,* outras dependem do nosso *arbítrio.* A necessidade não pode ser persuadida; o acaso, em contraposição, é inconstante. Seria melhor, realmente, aceitar o mito sobre os deuses do que aceitar ser escravo da εἱμαρμένη [*heimarméne*] dos físicos. Pois aquele permite ter esperança na misericórdia por causa da honra dos deuses, e esta, porém, é uma necessidade inflexível. Mas o que se deve pressupor é o *acaso, não Deus,* como crê a multidão.[39]
É uma desgraça viver na necessidade, mas viver na necessidade não é uma necessidade. Estão abertos em toda parte os caminhos para a liberdade, que são muitos, curtos e fáceis. Agradeçamos, pois, a Deus que ninguém pode ser detido na vida. É permitido domar a própria necessidade.[40]

O epicurista Veleio fala algo parecido em Cícero sobre a filosofia estoica: "O que pensar de uma filosofia para a qual, a exemplo de mulheres dissolutas e indoutas, tudo parece acontecer por meio do *fatum*? [...] Foi Epicuro que nos redimiu e nos deu a liberdade"[41].

---

[39] Diógenes Laércio, cit., X, 133-4: "τὴν δὲ εἱμαρμένην, ὑπό τινων δεσπότιν εἰσαγομένην πάντων, ἀγγέλοντος (isto é, τοῦ σοφοῦ), μὴ εἶναι· ἀλλὰ τὰ μὲν ἀπὸ τύχης, τὰ δὲ παρ' ἡμῶν, διὰ τὸ τὴν μὲν ἀνάγκην ἀνυπεύθυνον εἶναι, τὴν δὲ τύχην ἄστατον ὁρᾶν. Τὸ δὲ παρ' ἡμῶν ἀδέσποτον· ᾧ καὶ τὸ μεμπτὸν καὶ τὸ ἐναντίον παρακολουθεῖν πέφυκεν. Ἐπεὶ κρεῖττον ἦν τῷ περὶ θεῶν μύθῳ κατακολουθεῖν, ἢ τῇ τῶν φυσικῶν εἱμαρμένῃ δουλεύειν. Ὁ μὲν γὰρ ἐλπίδα παραιτήσεως ὑπογράφει θεῶν διὰ τιμῆς, ἡ δὲ ἀπαραίτητον ἔχει τὴν ἀνάγκην. Τὴν δὲ τύχην, οὔτε θεόν, ὡς οἱ πολλοὶ νομίζουσι, ὑπολαμβάνων"... ["O destino, porém, que é apresentado por alguns como déspota sobre tudo, não existe, proclama ele (isto é, o sábio); mas algumas coisas seriam casuais, outras, feitas por nós, porque ele vê que a necessidade é irresponsável e a fortuna é instável. Porém, as coisas feitas por nós não são forçadas; delas decorrem naturalmente também a repreensão e o louvor. De fato, seria melhor aderir ao mito sobre os deuses do que servir ao destino dos físicos. Porque aquele admite a esperança de misericórdia pela veneração dos deuses, ao passo que a necessidade é tida como inexorável. Mas ele tampouco considera a fortuna uma deusa, como faz o povo de modo geral..."]

[40] Sêneca, *Epístola XII*, p. 42: "*Malum est, in necessitate vivere; sed in necessitate vivere, nulla necessitas est. [...] Patent undique ad libertatem viae multae, breves, faciles. Agamus Deo gratiam, quod nemo in vita teneri potest. Calcare ipsas necessitates, licet. Epicurus [...] dixit*" ["É ruim viver na necessidade, mas não há necessidade de viver na necessidade. [...] Em toda parte, há caminhos abertos para a liberdade, que são muitos, curtos, fáceis. Demos graças a Deus porque não se pode segurar ninguém na vida. Podem-se subjugar as próprias necessidades. Epicuro [...] disse isso"].

[41] Cícero, *De natura deorum*, I, 20: "*Quanti autem haec philosophia* (isto é, *Stoica*) *aestimanda est, cui, tanquam aniculis, et iis quidem indoctis, fato fieri videantur omnia? [...] ab Epicuro*

Assim, Epicuro *nega* inclusive o *juízo disjuntivo*, para não ter de reconhecer nenhuma necessidade[42].

Até se afirma que também Demócrito teria empregado o acaso; só que, das duas passagens que se encontram sobre isso em Simplício[43], uma coloca a outra sob suspeição, pois mostra que evidentemente não foi Demócrito que usou a categoria do acaso, que ela lhe foi imputada por Simplício como consequência. Pois ele diz que Demócrito não mencionou, em termos gerais, nenhuma razão para a criação do mundo; *parece*, portanto, que ele fez do acaso a razão. Nessa passagem, não se trata da *determinação do conteúdo*, mas da *forma*, que Demócrito empregou *conscientemente*. Algo similar se dá com o relato de Eusébio: Demócrito teria transformado o acaso em dominador do universal e divino e afirmado que, nesse plano, tudo acontece por meio dele, ao passo que o teria mantido afastado da vida humana e da natureza empírica, chamando seus proclamadores de insensatos[44].

---

    soluti et in libertatem vindicati [...]" ["Mas como avaliar essa filosofia (isto é, a estoica), para a qual – como para mulheres velhas e ainda por cima indoutas – tudo parece suceder por meio do destino? [...] soltos e postos em liberdade por Epicuro [...]"].

[42] Ibidem, cap. 25: "*Idem facit* (isto é, *Epicurus*) *contra dialecticos. A quibus quum traditum sit, in omnibus disjunctionibus, in quibus* 'aut etiam, aut non' *poneretur, alterutrum verum esse: pertimuit, ne, si concessum esset hujusmodi aliquid* 'Aut vivet cras, aut non vivet Epicurus', *alterutrum fieret necessarium; totum hoc* 'aut etiam, aut non' *negavit esse necessarium*" ["Ele (isto é, Epicuro) fez o mesmo contra os lógicos. Visto que estes ensinam que, em todas as sentenças disjuntivas, nas quais constasse '*sim ou não*', um dos dois juízos seria verdadeiro, ele temia muito que, caso se admitisse uma sentença como '*Epicuro viverá amanhã ou ele não viverá*', uma das duas coisas se tornaria necessária; assim, ele negou que todo esse 'sim ou não' seja necessário"].

[43] Simplício, cit., p. 351: "Ἀλλὰ καὶ Δεμόκριτος, ἐν οἷς φησὶ, δεῖν [ler: δῖνον] ἀπὸ παντὸς ἀποκρίνεσθαι παντοίων εἰδέων, πῶς δὲ καὶ ὑπὸ τίνος αἰτίας μὴ λέγει, ἔοικεν ἀπὸ ταὐτομάτου καὶ τύχης γεννᾶν αὐτά" ["Mas também Demócrito, ao dizer que múltiplas formas devem se separar do todo [ler: uma voragem de múltiplas formas se separou do todo], parece fazer com que sejam geradas por si sós e por acaso, sem dizer como nem qual é a causa"]. Ibidem, p. 351: "Καὶ γὰρ οὗτος (isto é, Δεμόκριτος) κἂν ἐν τῇ κοσμοποιίᾳ τῇ τύχῃ κέχρηται" ["Pois também este (isto é, Demócrito), mesmo que aplique a fortuna à criação do mundo"].

[44] Cf. Eusébio, cit., XIV, p. 781 e seg.: "καὶ ταῦτα μάτην καὶ ἀναιτίως αἰτιολογῶν (isto é, Δεμόκριτος) ὡς ἂν ἀπὸ κενῆς ἀρχῆς, καὶ ὑποθέσεως πλανωμένης ὁρμώμενος, καὶ τὴν ῥίζαν καὶ τὴν κοινὴν ἀνάγκην τῆς τῶν ὄντων φύσεως οὐχ ὁρῶν, σοφίαν δὲ μεγίστην ἡγούμενος τὴν τῶν ἀσόφως συμβαινόντων κατανόησιν" ["E isto, embora ele (isto é, Demócrito) procure em vão e infundadamente por causas, visto que parte

Diferença entre a filosofia da natureza de Demócrito e a de Epicuro

Em parte, vemos nisso mera dedução de consequências do bispo cristão *Dionísio*, mas, em parte também, onde principia o universal e o divino, o conceito democrítico de necessidade deixa de ser distinto do acaso.

O que está, portanto, assegurado do ponto de vista histórico é isto: *Demócrito* emprega a *necessidade*; *Epicuro, o acaso*; e cada um deles rejeita a concepção oposta com exasperação polêmica.

A principal consequência dessa diferença se manifesta no modo de explicar os fenômenos físicos individuais.

A saber, a necessidade se manifesta na natureza finita como *necessidade relativa*, como *determinismo*. A necessidade relativa só pode ser deduzida da *possibilidade real*, isto é, essa necessidade é mediada por um entorno de condições, causas, razões etc. A possibilidade real é a explicação da necessidade relativa. E constatamos que esta é empregada por Demócrito. Citamos algumas passagens comprobatórias extraídas de Simplício.

Quando alguém tem sede, bebe algo e fica bem: Demócrito não citará como causa disso o acaso, mas a sede, pois, mesmo que aparentemente tenha empregado o acaso na criação do mundo, ele afirma que este não é causa de nada em particular, mas deriva tudo de outras causas. Assim, por exemplo, o ato de cavar é a causa da descoberta do tesouro ou o crescimento é a causa da oliveira[45].

---

de um princípio vácuo e de um pressuposto vacilante e não vislumbra a raiz nem a necessidade comum da natureza das coisas, considerando como suprema sabedoria o conhecimento de coisas que sucedem sem sentido"]. [Eusébio cita Dionísio. (N. E. A.)]

[45] Simplício, cit., p. 351: "Διψήσας γὰρ καὶ πιών τις ψυχρὸν ὕδωρ γέγονεν ὑγιής· ἀλλ᾽ ἴσως οὔ, φησι Δεμόκριτος, τὴν τύχην αἰτίαν εἶναι, ἀλλὰ τὸ διψῆσαι" ["Supondo que alguém tem sede, bebe água fria e fica bem; talvez a causa disso, diz Demócrito, não seja a fortuna, mas a sede"]. Idem: "ἐκεῖνος (isto é, Δεμόκριτος) γὰρ κἂν ἐν τῇ κοσμοποιίᾳ ἐδόκει τῇ τύχῃ χρῆσθαι· ἀλλ᾽ ἐν τοῖς μερικωτέροις οὐδενός φησιν εἶναι τὴν τύχην αἰτίαν, ἀναφέρων εἰς ἄλλας αἰτίας, οἷον τοῦ θησαυρὸν εὑρεῖν τὸ σκάπτειν ἢ τὴν φυτείαν τῆς ἐλαίας" ["Pois mesmo que este (isto é, Demócrito) pareça ter aplicado a fortuna à criação do mundo, ele afirma que no caso das manifestações particulares nenhuma teria como causa a fortuna, mas as deriva de outras causas; por exemplo, o ato de cavar seria a causa de achar o tesouro, e o ato de plantar, a causa da oliveira"]. Idem: "ἀλλ᾽ ἐν τοῖς κατὰ μέρος οὐδενός φησιν (isto é, Δεμόκριτος) εἶναι τὴν τύχην [αἰτίαν]" ["Ele (isto é, Demócrito) afirma que, no caso das manifestações particulares, nenhuma teria [como causa] a fortuna"].

Karl Marx

O entusiasmo e a seriedade com que Demócrito introduz essa modalidade explicativa na análise da natureza, além da importância que ele atribui à tendência fundamentadora, externam-se de modo ingênuo na seguinte confissão: "Prefiro descobrir uma nova etiologia a obter a dignidade real persa!"[46].

Epicuro, mais uma vez, assume uma posição diretamente oposta à de Demócrito. O acaso é uma realidade que só tem valor de possibilidade. Mas a *possibilidade abstrata* é justamente o *antípoda da real*. Esta última está restrita a limites precisos, como o entendimento; a primeira é irrestrita, como a fantasia. A possibilidade real procura fundamentar a necessidade e a realidade de seu objeto; a possibilidade abstrata não trata do objeto que é explicado, mas do sujeito que explica. O objeto só precisa ser possível, pensável. Aquilo que é abstratamente possível, aquilo que pode ser pensado, não constitui impedimento para o sujeito pensante, não representa um limite para ele, não é pedra de tropeço. Não importa se essa possibilidade também se torna real, pois nesse ponto o interesse não se estende ao objeto como objeto.

Por conseguinte, Epicuro adota um procedimento tremendamente desleixado na explicação dos fenômenos físicos individuais.

Isso ficará bem mais claro a partir da carta a Pítocles, que analisaremos adiante. Basta chamar a atenção aqui para sua relação com as opiniões de físicos mais antigos. O autor de *De placitis philosophorum* e Estobeu, ao citar as diferentes concepções dos filósofos sobre a substância das estrelas, o tamanho e a figura do Sol e coisas semelhantes, sempre dizem isto de Epicuro: ele não rejeita nenhuma dessas opiniões, *todas poderiam* estar corretas, ele se atém ao *possível*[47]. Epicuro

---

[46] Eusébio, cit., XIV, p. 781: "Δεμόκριτος γοῦν αὐτός, ὥς φασιν, ἔλεγε βούλεσθαι μᾶλλον μίαν [εὑρεῖν] αἰτιολογίαν, ἢ τὴν Περσῶν οἱ βασιλείαν γίνεσθαι" ["O próprio Demócrito teria dito que preferiria [encontrar] a explicação de uma só causa a se tornar rei dos persas"]. [Eusébio cita Dionísio. (N. E. A.)]

[47] (Plutarco,) *De placitis philosophorum*, II, p. 261: "Ἐπίκουρος οὐδὲν ἀπογινώσκει τούτων, [ἐχόμενος] τοῦ ἐνδεχομένου" ["Epicuro não despreza nenhuma delas (isto é, as opiniões dos filósofos sobre a substância das estrelas), [ao ater-se] ao que é possível"]. Ibidem, p. 265: "Ἐπίκουρος πάλιν φησὶν ἐνδέχεσθαι τὰ προειημένα πάντα"

polemiza até mesmo contra a modalidade explicativa que determina de forma racional a partir da possibilidade real e que, justamente por isso, é unilateral.

Assim, *Sêneca* diz, nas *Quaestiones naturales* [Questões naturais]: Epicuro afirma que todas aquelas causas poderiam existir; além disso, experimenta ainda várias outras explicações e *repreende* aqueles que afirmam a ocorrência de uma explicação bem determinada, visto que seria arriscado emitir um juízo apodítico sobre algo que só se infere de conjeturas[48].

Vê-se que não há interesse em examinar as razões reais dos objetos: trata-se meramente de uma tranquilização do sujeito que explica. Ao admitir todo o possível como possível, o que corresponde ao caráter da possibilidade abstrata, evidentemente *o acaso do ser* apenas é traduzido em *acaso do pensar*. A única regra que Epicuro prescreve, "a explicação *não pode contradizer* a percepção sensível", é óbvia, pois o abstratamente possível consiste justamente em estar livre da contradição, que, portanto, deve ser prevenida[49]. Por fim, Epicuro admite que sua modalidade explicativa visa tão somente

---

["Epicuro volta a dizer que todas as opiniões anteriormente mencionadas são possíveis"]. Idem: "Ἐπίκουρος ἐνδέχεσθαι τὰ προειημένα πάντα" ["Epicuro considera possíveis todas as opiniões anteriormente mencionadas"]. Estobeu, *Eclogarum physicarum et ethicarum*, I, p. 54: "Ἐπίκουρος οὐδὲν ἀπογινώσκει τούτων, ἐχόμενος τοῦ ἐνδεχομένου" ["Epicuro não despreza nenhuma dessas, atendo-se ao que é possível"].

[48] Sêneca, *Naturales quaestiones* [Ad Lucilium naturalium quaestionum libri VIII, em *Opera, quae extant*, t. 2 (Amstelodami [Amsterdã], 1672], VI, 20, t. II, p. 802: "*Omnes istas esse posse causas, Epicurus ait, pluresque alias tentat, et alios, qui aliquid unum ex istis esse affirmaverunt, corripit, quum sit arduum, de iis, quae conjectura sequenda sint, aliquid certi promittere*" ["Todas essas causas seriam possíveis, diz Epicuro, que tenta acrescentar ainda outras; ele censura os que afirmam que alguma dessas é correta, pois seria difícil dar como certo algo a respeito daquilo que decorre de uma conjetura"].

[49] Cf. parte II, cap. 5. Diógenes Laércio, cit., X, 88: "Τὸ μέντοι φάντασμα ἑκάστων τηρητέον, καὶ ἐπὶ τὰ συναπτόμενα τούτῳ διαιρετέον. Ἃ οὐκ ἀντιμαρτυρεῖται τοῖς παρ᾽ ἡμῖν γινομένοις πλεοναχῶς συντελεῖσθαι. [...] Πανταχῶς γὰρ ἐκδέχεται· τῶν γὰρ φαινομένων οὐδὲν ἀντιμαρτυρεῖ..." ["Contudo, é preciso observar o feitio de cada manifestação individual e distingui-la do que se associa a ela. O fato de isso suceder de muitas formas não é contradito pelas coisas que acontecem entre nós. [...] Pois é possível de todas as maneiras; nenhum dos fenômenos contradiz isso..."].

à *ataraxia da autoconsciência, não ao conhecimento da natureza em si e para si*[50].

Decerto não será preciso detalhar quanto ele se posiciona de modo diametralmente oposto a Demócrito também nesse ponto.

Vemos, portanto, os dois homens se contrapondo, passo a passo. Um deles é cético, o outro é dogmático; um considera o mundo sensível como aparência subjetiva, o outro, como manifestação objetiva. Aquele que considera o mundo sensível como aparência subjetiva apoia-se na ciência natural empírica e em conhecimentos positivos e representa a inquietude da observação experimentadora que aprende em toda parte e que digressa para a vastidão. O outro, aquele que considera como real o mundo que se manifesta, despreza a empiria; ele corporifica a tranquilidade do pensamento satisfeito consigo mesmo, a autonomia que *ex principio* haure seu saber de dentro de si mesma. Porém, a contradição atinge um plano ainda mais elevado. O *cético e empírico*, para o qual a natureza sensível é aparência subjetiva, analisa-a do ponto de vista da *necessidade* e procura explicar e apreender a existência real das coisas. Por sua vez, o *filósofo e dogmático*, para o qual a manifestação é real, vê em toda parte apenas *acaso*; sua modalidade explicativa tende, muito antes, a suprimir toda a realidade objetiva da natureza. Parece haver certa distorção nesses antagonismos.

Porém, dificilmente se poderia supor que esses homens, que em tudo se contradizem, seriam adeptos da mesma doutrina. E, ainda assim, eles parecem acorrentados um ao outro.

A tarefa da próxima seção será captar sua relação em termos gerais.

---

[50] Diógenes Laércio, cit., X, 80: "Καὶ οὐ δεῖ νομίζειν, τὴν ὑπὲρ τούτων χρείας πραγματείαν [ἀκρίβειαν] μὴ ἀπειληφέναι, ὅση πρὸς τὸ ἀτάραχον καὶ μακάριον ἡμῶν συντείνει" ["E não se deve achar que a investigação sobre esses assuntos não tenha alcançado [exatidão] suficiente para nossa ataraxia e nossa bem-aventurança"].

[IV

Diferença fundamental geral entre a filosofia da natureza de Demócrito e a de Epicuro]*

1. Essa afetação moral aniquila todo o altruísmo teórico e prático; um exemplo histórico intimidador disso é fornecido por Plutarco em sua biografia de Mário**. Depois da descrição da terrível aniquilação dos cimbros, é dito que a quantidade de cadáveres era tanta que os massaliotas*** puderam adubar seus vinhedos com eles. A chuva caiu sobre tudo, e aquele teria sido o ano mais fecundo em vinho e frutas. E quais são as reflexões que o nobre historiador comete diante do trágico fim daquele povo? Em termos morais, Plutarco acha que é coisa de Deus ter deixado morrer e apodrecer todo um povo numeroso e nobre para proporcionar aos filisteus de Marselha uma farta colheita de frutas. Portanto, até mesmo a transformação de um povo em um monte de esterco propicia a desejada oportunidade de deleitar-se com divagações morais.

2. Também no que diz respeito a Hegel, é pura ignorância de seus alunos**** quando eles, por mera comodidade etc., explicam esta

---

* O corpo principal das seções IV e V desta parte I se perdeu, restando apenas as notas explicativas situadas originalmente depois do texto principal. Essas notas serão reproduzidas no corpo da página, não no rodapé. (N. E.)
** Plutarco, *Vitae parallelae*. Marius, 21,7-8. (N. E. A.)
*** Moradores da cidade de Massália, fundada por fócios jônicos no ano 600 antes da nossa era, onde hoje se situa Marselha. (N. E. A.)
**** Naquela época, eram considerados alunos de Hegel, além dos jovens hegelianos, dos velhos hegelianos e do centro da escola hegeliana, também aqueles que foram apostrofados por Karl Rosenkranz de "vácuo" e por Ludwig Michelet de "pseudo-hegelianos". No início da década de 1840, todos eles falavam – claro que por razões muito diferentes – da acomodação de Hegel ao Estado e à religião, tema que já fora discutido no tempo em que Hegel ainda estava vivo e deu o que pensar aos

ou aquela determinação de seu sistema, numa palavra, *moralmente*. Eles esquecem que aderiram entusiasticamente a todas as suas unilateralidades antes de decorrido um lapso de tempo, o que se pode evidenciar a partir de seus próprios escritos.

Se eles de fato estavam tão deslumbrados pela ciência que receberam pronta a ponto de se entregarem a ela com confiança ingênua e acrítica, então quanta falta de escrúpulos é imputar uma intenção oculta atrás da noção do mestre, para quem não se tratava de uma ciência recebida, mas de uma ciência em formação, imbuída de sua própria força vital espiritual até o último capilar. Muito antes, ao fazer isso, eles põem a si mesmos sob suspeita, como se anteriormente não o tivessem levado a sério, e combatem essa própria condição anterior, atribuindo-a a Hegel; porém, nesse mister, esquecem que ele se encontrava em uma relação imediata e substancial com seu sistema, e eles, em uma relação refletida.

É concebível que um filósofo incorra em uma ou outra aparente inconsequência em decorrência desta ou daquela acomodação; pode até ser que ele mesmo tenha consciência disso. Só que ele não tem consciência de que a possibilidade dessa aparente acomodação tem suas raízes mais profundas em uma deficiência ou em uma formulação

---

adversários declarados da filosofia de Hegel. Marx refere-se, a seguir, evidentemente aos jovens hegelianos, sobretudo àqueles que tinham afinidade com Arnold Ruge e os *Anais de Halle*. Em seus escritos publicados nos *Anais de Halle* até inclusive o ano de 1840, Ruge havia aprovado a filosofia hegeliana e sua relação com o "Estado prussiano protestante" e a defendera não só contra os ataques reacionários da Igreja, mas também contra a crítica moralizante de Wolfang Menzel (ver A. Ruge, *Preussen und die Reaktion. Zur Geschichte unserer Zeit* (Leipzig, 1839), p. 29, 30-1, 36 etc.). Em 1840, Ruge mudou seu juízo não só a respeito do Estado prussiano, mas também a respeito da filosofia hegeliana, sobretudo quanto à relação com o Estado prussiano e com a política (ver Ruge, "Philosophie und Politik", *Hallische Jahrbücher*, 1840, p. 2.332). Nas formulações de Marx já está contido o ponto de partida de sua crítica não só a Hegel, mas também aos jovens hegelianos. Marx explica a acomodação de Hegel ao Estado a partir do princípio da filosofia hegeliana, razão pela qual a crítica à filosofia de Hegel lhe parece ser o pressuposto de toda crítica ulterior. Marx se pronuncia sobre a acomodação da filosofia de Hegel, em 1843-1844, no artigo "Crítica da filosofia do direito de Hegel – Introdução", em *Deutsch-Französische Jahrbücher* [*Anais Franco-Alemães*] (Paris, 1844), p. 77 [ed. bras.: *Crítica da filosofia do direito de Hegel* (São Paulo, Boitempo, 2005), p. 145-56]), e no livro *Manuscritos econômico-filosóficos* [trad. bras.: São Paulo, Boitempo, 2010]. (N. E. A.)

deficiente de seu próprio princípio. Portanto, se um filósofo realmente tivesse se acomodado, seus alunos teriam de explicar, *a partir de sua consciência interior essencial*, aquilo que *para ele próprio* assumira *a forma de um consciente exotérico*. Desse modo, o que aparece como progresso da consciência é, simultaneamente, um progresso da ciência. Não se põe sob suspeita a consciência particular do filósofo, mas a forma essencial de sua consciência é formulada, elevada a determinado formato e significado e, desse modo, concomitantemente transcendida.

Aliás, eu considero essa virada não filosófica de grande parte da escola hegeliana uma manifestação que sempre acompanhará a transição da disciplina para a liberdade.

Trata-se de uma lei psicológica: o espírito teórico liberto em si mesmo converte-se em energia prática e, na condição de *vontade*, emerge do reino espectral de Amentes, voltando-se contra a realidade mundana que existe sem ele. (Do ponto de vista filosófico, é importante especificar mais esses aspectos, porque do modo determinado dessa reversão se podem tirar conclusões sobre a determinidade imanente e o caráter histórico mundial de uma filosofia. Vemos aqui seu *curriculum vitae* bem de perto, em seu ponto alto subjetivo.) Só que a própria *práxis* da filosofia é *teórica*. É a *crítica* que mede a existência individual pela essência e a realidade específica pela ideia*. Só que, em sua essência mais íntima, essa *realização imediata* da filosofia está marcada por contradições, e essa essência toma forma no fenômeno e lhe imprime seu selo.

No momento em que a filosofia na condição de vontade se volta contra o mundo fenomênico, o sistema se rebaixa à condição de totalidade abstrata, isto é, ele se torna um aspecto do mundo que se confronta com outro. Sua relação com o mundo é reflexiva. Inspirada pelo impulso de realizar-se, ela entra em tensão com o outro. A autossuficiência interior e a rotundidade foram rompidas. O que era

---

* Essa ideia era defendida por todos os jovens hegelianos agrupados em torno de Bruno Bauer. Este formulou tal visão em carta a Marx, datada de 31 de março de 1841: "A teoria tornou-se agora a práxis mais efetiva, e ainda nem podemos predizer em que medida ela se tornará prática" (MEGA-2 III/1, p. 355). (N. E. A.)

Karl Marx

luz interior tornou-se chama devoradora que se voltou para fora. A consequência disso é que o tornar-se filosófico do mundo é concomitantemente um tornar-se mundano da filosofia, que sua realização é, ao mesmo tempo, sua perda, que aquilo que ela combate fora dela é sua própria deficiência interior, que precisamente na luta ela incorre nos danos que combate como danos no opositor e que ele só consegue suprimir esses danos na medida em que neles incorre. Aquilo com que se depara e o que ela combate sempre é o mesmo que ela é, mas com claves invertidas.

Esse é um dos lados, se analisarmos o assunto de modo *puramente objetivo*, como realização imediata da filosofia. Só que ela tem um lado *subjetivo*, que não passa de outra forma do anterior. É *a relação entre o sistema filosófico* que está sendo concretizado e *seus portadores intelectuais*, as autoconsciências individuais em que aparece seu progresso. Ela resulta da relação que, na realização da própria filosofia, se defronta com o mundo, a saber, o fato de que essas autoconsciências individuais sempre vêm com uma exigência *de dois gumes*, um dos quais se volta contra o mundo e o outro contra a própria filosofia. O que, no assunto, aparece como uma relação voltada para si mesma nessas consciências aparece como exigência e ação duplas que se contradizem. Seu livramento do mundo da não filosofia é simultaneamente sua própria libertação da filosofia, que as mantinha algemadas em um sistema bem determinado. Em razão de ainda estarem pessoalmente envolvidas no ato e na energia imediata do desenvolvimento e, portanto, de ainda não terem superado aquele sistema em termos teóricos, elas apenas sentem a contradição com a identidade plástica do sistema consigo mesmo e não sabem que, ao voltar-se para esse sistema, só realizam dele os momentos individuais.

Por fim, essa duplicidade da autoconsciência entra em cena como tendência dupla, contraposta de modo extremo – uma, o partido *liberal**, como podemos chamá-lo de modo geral, retém como determinação principal o conceito e o princípio da filosofia, enquanto

---

* Referência aos jovens hegelianos. (N. E. A.)

Diferença entre a filosofia da natureza de Demócrito e a de Epicuro

a outra retém como tal seu *não conceito*, o fator da realidade. Essa segunda tendência é a *filosofia positiva**. O ato da primeira é a crítica e, portanto, exatamente o voltar-se para fora da filosofia, sendo o ato da segunda a tentativa de filosofar e, portanto, o voltar-se para dentro de si da filosofia, ao tomar ciência da deficiência como algo imanente à filosofia, ao passo que a primeira a compreende como deficiência do mundo a ser tornado filosófico. Cada um desses partidos faz exatamente o que o outro quer fazer e o que ele próprio não quer fazer. Porém, a primeira tendência, em sua contradição interior, tem consciência do princípio em geral e de sua finalidade. Na segunda aparece a distorção e, por assim dizer, o desvario, como tal. Em termos de conteúdo, apenas o partido liberal, por ser o partido do conceito, está em condições de produzir progressos reais, ao passo que a filosofia positiva só consegue apresentar exigências e tendências cuja forma contradiz seu significado.

Portanto, o que aparece primeiro como uma relação distorcida e um rompimento hostil da filosofia com o mundo converte-se, em segundo lugar, em um rompimento da autoconsciência filosófica consigo mesma e aparece, por fim, como divisão e duplicação filosóficas da filosofia, como duas tendências filosóficas contrapostas.

É compreensível que, além disso, venha à tona uma quantidade de formações de segunda categoria**, lacrimosas e sem individualidade,

---

* A filosofia positiva, surgida na década de 1830, considerou, em contraste consciente com os jovens hegelianos, a religião como a forma máxima da autoconsciência e os dogmas cristãos como o "saber positivo". Ludwig Feuerbach a caracterizou como "a filosofia da *arbitrariedade absoluta*", que, tendo a arbitrariedade de Deus como fundamento, constitui "o antagonismo mais direto à filosofia" (Ludwig Feuerbach, "Zur Kritik der 'positiven Philosophie'", *Hallische Jahrbücher*, v. 289-93, 3-7 dez. 1838, p. 2.312). Feuerbach considerava como representantes da "filosofia positiva" Joachim Sengler, Anton Günter e Franz Xaver von Baader, enquanto Bauer citava Christian Hermann Weisse, Immanuel Hermann Fichte, Joachim Sengler e Carl Philipp Fischer (ver Bruno Bauer, *Die Posaune des Jüngsten Gerichts über Hegel den Atheisten und Antichristen. Ein Ultimatum* (Leipzig, 1841), p. 15. (N. E. A.)

** Marx se refere aos numerosos filósofos que, a partir do início da década de 1830, almejavam um reavivamento da filosofia de Aristóteles, visando a utilizar essa filosofia como fonte histórica de renovação da filosofia, colocando-a a serviço da superação da filosofia hegeliana. O representante mais importante dessa tendência foi

Karl Marx

que se postam atrás de um gigante filosófico do passado – mas logo se percebe o jumento na pele do leão; ouve-se o choramingar da voz lacrimosa de um *mannequin* [boneco] de hoje e de ontem, contrastando comicamente com a voz potente, por exemplo, de um Aristóteles, que retumba por séculos, da qual ela se fez órgão indesejado; é como se um mudo quisesse ganhar voz usando um megafone de enormes proporções – ou, então, munido de óculos duplos, algum liliputiano se postasse sobre um *minimum* [área mínima] do *posterius* [traseiro] do gigante e anunciasse ao mundo, muito admirado, o novo panorama que surpreendentemente se oferece a partir de seu *punctum visus* [ponto de vista], empenhando-se ridiculamente para deixar claro que não é no coração caudaloso, mas no território sólido e substancioso em que está postado, que teria sido encontrado o ponto arquimédico, o ποῦ στῶ [onde me parar], em que se apoia o mundo*. É assim que surgem os filósofos dos cabelos, das unhas, dos dedos dos pés, dos excrementos e outros que têm de desempenhar um papel ainda pior no ser humano místico universal de Swedenborg**. No entanto, por

---

    Adolf Trendelenburg, que, a partir de 1833, lecionou na universidade de Berlim e a quem Marx evidentemente se refere aqui. Em *Investigações lógicas*, publicadas em 1840, Trendelenburg se baseou em Aristóteles não só para criticar a filosofia hegeliana – e, sobretudo, o método dialético –, mas também para fundamentar sua filosofia teísta, que ele próprio denominou cosmovisão orgânica. Nessa filosofia, as concepções teleológicas de Aristóteles foram valorizadas. Trendelenburg se reportou aos estudos antropológicos e fisiológicos de sua época, que investigavam a correspondência de fim e meio na natureza, como as formas específicas das partes dos pés – dedos, unhas, tendões, músculos – em animais carnívoros. Ver Adolf Trendelenburg, *Logische Untersuchungen* (Berlim, 1840), v. 1.2, p. 8-10. Possivelmente Marx alude a isso ao falar de filósofos dos cabelos, dos dedos dos pés, das unhas e dos excrementos. Ele tinha a intenção de debater com Trendelenburg, mas provavelmente não realizou esse plano (cf. Carta de Bruno Bauer a Marx, de 31 de março de 1841, e de Friedrich Köppen a Marx, de 3 de junho de 1841 [MEGA-2 III/1, p. 354 e 361]). (N. E. A.)

*   Alusão à exclamação de Arquimedes que se tornou proverbial: "Δός μοι, ποῦ στῶ, καὶ κινῶ τὴν γῆν" ["Dá-me onde apoiar o pé e moverei a Terra"] (Pappus, *Collectio*, VIII, 1060, 1-4). (N. E. A.)

** Marx evidentemente se refere ao "homo maximus", conceito místico que aparece na obra do naturalista e teósofo sueco Emanuel Swedenborg, publicada em vários volumes em meados do século XVIII. Swedenborg dividiu o universo inteiro em corpos materiais finitos e espíritos eternos. Todos os espíritos estariam em conexão universal, da qual o espírito humano participaria apenas inconscientemente durante a vida do ser humano. O mundo dos espíritos em seu conjunto, que corporifica

Diferença entre a filosofia da natureza de Demócrito e a de Epicuro

sua natureza, o elemento em que vivem todos esses moluscos são as duas tendências já citadas. No que se refere a elas, explicitarei de maneira completa em outro lugar* a inter-relação dessas tendências e também a relação entre elas e a filosofia hegeliana, bem como cada um dos momentos históricos em que esse desenvolvimento se manifesta.

3. Diógenes Laércio, cit., IX, 44: "Μηδέν τε ἐκ τοῦ μὴ ὄντος γίνεσθαι, μηδὲ εἰς τὸ μὴ ὂν φθείρεσθαι" ["Nada surge do não existente e nada se desfaz em não existente"] (Demócrito), ibidem, X, 38-9: "Πρῶτον μὲν, οὐδὲν γίνεται ἐκ τοῦ μὴ ὄντος. Πᾶν γὰρ ἐκ παντὸς ἐγίνετ' ἄν [...]. Καὶ εἰ ἐφθείρετο δὲ τὸ ἀφανιζόμενον εἰς τὸ μὴ ὄν, πάντα ἂν ἀπολώλει τὰ πράγματα, οὐκ ὄντων τῶν, εἰς ἃ διελύετο. Καὶ μὴν καὶ τὸ πᾶν ἀεὶ τοιοῦτον ἦν, οἷον καὶ νῦν ἐστι, καὶ ἀεὶ τοιοῦτον ἔσται. Οὐθὲν γάρ ἐστιν, εἰς ὃ μεταβάλλει" ["Em primeiro lugar, nada surge do não existente. Pois, se fosse assim, tudo surgiria de tudo [...]. E, se aquilo que se desfaz desaparecesse no não existente, todas as coisas já teriam perecido, já que aquilo em que se dissolveram seria não existente. Ademais, o universo sempre foi como agora é e sempre será assim. Pois não há nada em que possa se transformar"]. (Epicuro)

4. Aristóteles, *Physica* [*Física*], I, 4: "Εἰ γὰρ πᾶν μὲν τὸ γενόμενον ἀνάγκη γίνεσθαι ἢ ἐξ ὄντων ἢ ἐκ μὴ ὄντων· τούτων δὲ τὸ μὲν ἐκ μὴ ὄντων γίνεσθαι ἀδύνατον· περὶ γὰρ ταύτης ὁμογνωμονοῦσι τῆς δόξης

---

uma unidade universal do universo inteiro, constitui, para ele, o "homo maximus" ("ser humano máximo"), cuja cabeça, tronco e membros representam diferentes esferas qualitativamente diversas do mundo espiritual (ver Swedenborg, *De coelo e ejus mirabilibus, et de inferno, ex auditis et visis* (Londini [Londres], 1758), § 29, 31, 65 etc.). Ele fundamentou suas visões dizendo que fora eleito para participar ainda em vida da conexão com o mundo dos espíritos e que teria estado em conexão com Aristóteles, entre outros. Kant e mais tarde Herder condenaram a mística de Swedenborg. Na primeira metade do século XIX, muitas publicações voltaram a ocupar-se de sua doutrina, o que foi causado pelo reavivamento da mística na filosofia de Franz von Baader, do velho Schelling e outros filósofos de menor expressão, que se reportaram a ele, pela publicação de seus escritos na Alemanha entre 1823 e 1842, bem como pela rápida disseminação do movimento da "nova Igreja", que edificou sobre a doutrina de Swedenborg. (N. E. A.)

* Marx não chegou a executar esse plano. (N. E. A.)

ἅπαντες" ["Sendo que tudo o que vem a ser surge ou do existente ou do não existente; mas o surgir do não existente é algo impossível. Sobre essa questão todos estão de acordo"].

5. Temístio, ["Comentário a Aristóteles", em Aristóteles, *Opera*, v. 4:] *Scholia in Aristotelem* (Coll[egit Christianus Aug.] Brandis[, Berlim, 1836]), f. 42, p. 383: "Ὥσπερ γὰρ τοῦ μηδενὸς οὐδεμία ἐστὶ διαφορά, οὕτω καὶ τοῦ κενοῦ· τὸ γὰρ κενὸν μὴ ὄν τι καὶ στέρησιν λέγει κ. τ. λ." ["Do mesmo modo que no nada não existe diferença, tampouco existe no vácuo; pois ele [Demócrito] chama o vácuo de *não existente* e de *privação* etc."].

6. Aristóteles, *Metafísica*, I, 4: "Λεύκιππος δὲ καὶ ὁ ἑταῖρος αὐτοῦ Δημόκριτος στοιχεῖα μὲν τὸ πλῆρες καὶ τὸ κενὸν εἶναί φασι, λέγοντες οἷον τὸ μὲν ὄν, τὸ δὲ μὴ ὄν· τούτων δὲ τὸ πλῆρες καὶ τὸ στερεὸν τὸ ὄν, τὸ δὲ κενόν γε καὶ μανὸν τὸ μὴ ὄν. Διὸ καὶ οὐθὲν μᾶλλον τὸ ὂν τοῦ μὴ ὄντος εἶναι φασι, ὅτι οὐδὲ τὸ κενὸν τοῦ σώματος" ["Leucipo e seu companheiro Demócrito dizem que os elementos são o cheio e o vácuo, chamando aquele de existente e este de não existente; desses, o cheio e o firme são existentes, o vácuo e o solto, não existentes. Por isso dizem também que o existente não é mais existente do que o não existente, já que o vácuo existe tanto quanto o corpo"].

7. Simplício, cit., p. 326: "Καὶ Δημόκριτος τὸ πλῆρες καὶ τὸ κενὸν, ὧν τὸ μὲν ὡς ὄν, τὸ δὲ ὡς οὐκ ὂν εἶναί φησιν" ["E Demócrito [tem como princípios] o cheio e o vácuo, dizendo que o primeiro é existente e o segundo é não existente"]. [Simplício cita Aristóteles, *Física*, 188ª, 22-3. (N. E. A.)] Temístio, cit., p. 383: "Τὸ γὰρ κενὸν μὴ ὄν τι καὶ στέρησιν λέγει Δημόκριτος" ["Pois Demócrito chama o vácuo de algo não existente e de privação"].

8. Simplício, cit., p. 488: "Δημόκριτος ἡγεῖται τὴν τῶν ἀϊδίων φύσιν εἶναι μικρὰς οὐσίας, πλῆθος ἀπείρους· ταύταις δὲ τόπον ἄλλον ὑποτίθησιν ἄπειρον τῷ μεγέθει, προσαγορεύει δὲ τὸν μὲν τόπον τοῖσδε [τοῖς] ὀνόμασι· τῷ τε κενῷ καὶ τῷ οὐδενὶ καὶ τῷ ἀπείρῳ, τῶν δὲ οὐσιῶν ἑκάστην τῷ τῷδε καὶ τῷ ναστῷ καὶ τῷ ὄντι" ["Demócrito acredita que a substância do eterno consiste de uma quantidade

infinita de pequenas entidades. Assume para elas outro lugar de tamanho infinito e designa esse lugar com as seguintes expressões: o vácuo, o nada e o infinito; cada uma das entidades chama assim: o isto, o firme e o existente"].

9. Cf. Simplício, cit., p. 514: "ἓν καὶ πολλά" ["Um e muitos"].

10. Diógenes Laércio, cit., § 40: "εἰ μὴ ἦν, ὃ κενὸν καὶ χώραν καὶ ἀναφῆ φύσιν ὀνομάζομεν" ["Se não houvesse o que chamamos de *vácuo* e espaço e substância intocável"]. Estobeu, *Eclogarum physicarum et ethicarum*, I, p. 39: "Ἐπίκουρος ὀνόμασιν πᾶσιν παραλλάττειν κενὸν, τόπον, χώραν" ["Epicuro usa alternadamente todas as expressões: vácuo, lugar, espaço"].

11. Estobeu, *Eclogarum physicarum et ethicarum*, I, p. 27: "Εἴρηται δὲ ἄτομος, οὐχ ὅτι ἐστὶν ἐλαχίστη" ["Chama-se átomo não por ser a menor coisa"].

12. Simplício, cit., p. 405: "Οἱ δὲ τῆς ἐπ' ἄπειρον τομῆς ἀπεγνωκότες, ὡς οὐ δυναμένων ἡμῶν ἐπ' ἄπειρον τέμνειν, καὶ ἐκ τούτου πιστώσασθαι τὸ ἀκατάληκτον τῆς τομῆς, ἐξ ἀδιαιρέτων ἔλεγον ὑφίστασθαι τὰ σώματα. καὶ εἰς ἀδιαίρετα διαιρεῖσθαι· πλὴν ὅτι Λεύκιππος καὶ Δημόκριτος οὐ μόνον τὴν ἀπάθειαν αἰτίαν τοῖς πρώτοις σώμασι τοῦ μὴ διαιρεῖσθαι νομίζουσιν, ἀλλὰ καὶ τὸ σμικρὸν καὶ τὸ ἀμερές, Ἐπίκουρος δὲ ὕστερον ἀμερῆ οὐχ ἡγεῖται, ἄτομοι δὲ αὐτὰ διὰ τὴν ἀπάθειαν εἶναί φησιν. Καὶ πολλαχοῦ μὲν τὴν Δημοκρίτου δόξαν καὶ Λευκίππου ὁ Ἀριστοτέλης διήλεγξεν, καὶ δι' ἐκείνους ἴσως τοὺς ἐλέγχους πρὸς τὸ ἀμερὲς ἐνισταμένους ὁ Ἐπίκουρος ὕστερον γενόμενος, συμπαθῶν δὲ τῇ Δημοκρίτου καὶ Λευκίππου δόξῃ περὶ τῶν πρώρον σωμάτων, ἀπαθῆ μὲν ἐφύλαξεν αὐτά.." ["Porém, aqueles que rejeitam a divisibilidade ao infinito, por não sermos capazes de dividir infinitamente e, desse modo, de tornar crível que a divisibilidade é incessante, afirmam que os corpos são constituídos de unidades indivisíveis e que podem ser divididos em unidades indivisíveis. No entanto, Leucipo e Demócrito não consideram apenas a insensibilidade como causa da indivisibilidade dos corpos originais, mas também o fato de serem pequenos e incompostos. Mais tarde, porém, Epicuro não os considera incompostos,

mas diz que seriam indivisíveis por causa de sua insensibilidade. Repetidamente, Aristóteles havia refutado a opinião de Leucipo e Demócrito, decerto por causa das provas levantadas por ele contra o caráter incomposto, Epicuro, que viveu depois, simpatizando com a opinião de Demócrito e Leucipo sobre os corpos originais, até manteve a da insensibilidade..."].

13. Aristóteles, *De generatione et corruptione [libri II (ed. estereotipada, Leipzig, Tauchnitz)]*, I, 2: "Αἴτιον δὲ τοῦ ἐπ' ἔλαττον δύνασθαι τὰ ὁμολογούμενα συνορᾶν, ἡ ἀπειρία. Διό, ὅσοι συνῳκήκασι μᾶλλον ἐν τοῖς φυσικοῖς, μᾶλλον δύνανται ὑποτίθεσθαι τοιαύτας ἀρχὰς, αἳ ἐπιπολὺ δύνανται συνείρειν. Οἱ δ' ἐκ τῶν πολλῶν λόγων ἀθεώρητοι τῶν ὑπαρχόντων ὄντες, πρὸς ὀλίγα ἐπιβλέψαντες, ἀποφαίνονται ῥᾷον. Ἴδοι δ' ἄν τις καὶ ἐκ τούτων, ὅσον διαφέρουσιν οἱ φυσικῶς καὶ λογικῶς σκοποῦντες. Περὶ γὰρ τοῦ ἄτομα εἶναι μεγέθη οἱ μέν φασιν, ὅτι τὸ αὐτοτρίγωνον πολλὰ ἔσται. Δημόκριτος δ' ἂν φανείη οἰκείος καὶ φυσικοῖς λόγοις πεπεῖσθαι" ["Porém, a razão pela qual se tem uma visão de conjunto menos acurada daquilo que é conhecido de modo geral é a falta de experiência prática. Por isso, os que estão mais familiarizados com as ciências naturais têm mais condições de propor princípios que podem ser coerentes. Mas aqueles que, por causa das muitas especulações, ficam cegos para as coisas existentes examinam poucas coisas e se manifestam levianamente. Também do que segue se pode ver em que consiste a diferença entre os que analisam as coisas da perspectiva das ciências naturais e os que o fazem do ponto de vista especulativo: quanto às grandezas indivisíveis, uns dizem que o triângulo em si existe de muitas formas. Demócrito, porém, parece orientar-se por razões objetivas e científico-naturais"].

14. Diógenes Laércio, cit., IX, 7, 8 [§ 40]: "Ἀριστόξενος δ' ἐν τοῖς ἱστορικοῖς ὑπομνήμασί φησι, Πλάτωνα θελῆσαι συμφλέξαι τὰ Δημοκρίτου συγγράμματα ὁπόσα ἠδυνήθη συναγαγεῖν, Ἀμύκλαν δὲ καὶ Κλεινίαν τοὺς Πιθαγορικοὺς κωλῦσαι αὐτόν, ὡς οὐδὲν ὄφελος· παρὰ πολλοῖς γὰρ εἶναι [τὰ] βιβλία ἤδη. Καὶ δῆλοι δέ· πάντων γὰρ σχεδὸν τῶν ἀρχαίων μεμνημένος ὁ Πλάτων, οὐδαμοῦ Δημοκρίτου διαμνημονεύει, ἀλλ' οὐδὲ ἔνθα ἀντειπεῖν τι αὐτῷ δέοι· δῆλον εἰδὼς

ὡς πρὸς τὸν ἄριστον οὕτω τῶν φιλοσόφων ἔσοιτο" ["Em suas *Memórias históricas*, Aristoxeno diz que Platão quis queimar todos os escritos de Demócrito que pudesse reunir, mas que os pitagóricos Amiclas e Clinias o demoveram, porque de nada adiantaria, dado que os livros já se encontravam em poder de muitas pessoas. De fato. Platão menciona quase todos os filósofos antigos, mas não faz menção de Demócrito nem onde deveria contestar alguma opinião dele. Pelo visto, ele sabia que, ao fazer isso, se posicionaria contra o melhor de todos os filósofos"].

[V Resultado]

SEGUNDA PARTE

Diferença entre a filosofia da natureza de
Demócrito e a de Epicuro em termos específicos

CAPÍTULO I
A declinação do átomo da linha reta

Epicuro assume um movimento *triplo* dos átomos no vácuo[1]. Um dos movimentos é o da *queda em linha reta*; o outro consiste em que o átomo *se desvia da linha reta*; e o terceiro é posto *pela repulsão dos muitos átomos*. Demócrito tem de comum com Epicuro a assunção do primeiro e do último movimento, diferindo dele quanto à *declinação do átomo* da linha reta[2].

Muito já se zombou desse movimento declinante. *Cícero*, mais que todos, é inesgotável quando toca nesse tema. Assim, ele diz, entre outras coisas:

> Epicuro afirma que os átomos são impelidos para baixo por seu peso em linha reta; esse seria o movimento natural dos corpos. Mas, então, o que chamou a atenção é que, se todos fossem impelidos dessa forma de cima para baixo, jamais um átomo poderia se chocar com outro. Diante disso, o homem buscou refúgio numa mentira. Ele disse que o átomo se desvia um pouquinho, o que, no entanto, é totalmente impossível. Isso

---

[1] Estobeu, *Eclogarum physicarum et ethicarum*, I, p. 33: "Ἐπίκουρος [...] κινεῖσθαι δὲ τὰ ἄτομα τότε μὲν κατὰ στάθμην, τότε δὲ κατὰ παρέγκλισιν, τὰ δὲ ἄνω κινούμενα κατὰ πληγὴν καὶ ὑπὸ παλμόν" ["Epicuro: [...] em parte os átomos se movem verticalmente, em parte se desviam dessa linha; o movimento para cima ocorre devido ao choque e ao ricochete"]. Cf. Cícero, *De finitute*, I, 6; [Plutarco,] *De placitis philosophorum*, p. 249; Estobeu, cit., p. 40[: "Ἐπίκουρος, δύο εἴδη τῆς κινήσεως, τὸ κατὰ στάθμην καὶ τὸ κατὰ παρέγκλισιν" ["Epicuro assume dois tipos de movimento: a queda vertical e a declinação"]. (N. E. A.)]

[2] Cícero, *De natura deorum*, I, 26: "*Quid est in Physicis Epicuri non a Democrito? nam etsi quaedam* commutavit, *ut, quod paullo ante de* inclinatione atomorum *dixi* [...]" ["O que há na física de Epicuro que não provém de Demócrito? Pois, mesmo que tenha *modificado* alguma coisa, como aquilo que acabei de dizer sobre a *declinação dos átomos* [...]"].

faria surgir complexões, copulações e adesões dos átomos entre si, e a partir delas teria surgido o mundo e todas as partes do mundo e tudo o que há nele. Além disso, como tudo isso não passa de uma ficção juvenil, ele não consegue o que quer.[3]

Encontramos outra formulação de Cícero no livro I de *Sobre a natureza dos deuses*:

Percebendo que, se os átomos fossem impelidos para baixo por seu próprio peso, nada poderíamos fazer, porque seu movimento é determinado e necessário, Epicuro inventou uma maneira de escapar à necessidade, algo de que Demócrito não se dera conta. Ele diz que, embora seja impelido de cima para baixo pelo peso e pela gravidade, o átomo se desvia um pouquinho. Afirmar isso é mais indecoroso do que não conseguir defender o que quer.[4]

---

[3] Idem, *De finibus*, I, 6: "*Censet* (isto é, *Epicurus*) *enim, eadem illa individua et solida corpora ferri suo deorsum pondere ad lineam; hunc naturalem esse omnium corporum motum. Deinde ibidem* homo acutus, *quum illud occurreret, si omnia deorsum e regione ferrentur et, ut dixi, ad lineam, nunquam fore, ut atomus altera alteram posset attingere, itaque attulit rem commentitiam; declinare dixit atomum perpaullum (quo nihil posset fieri minus), ita effici complexiones et copulationes et adhaesitationes atomorum inter se, ex quo efficeretur mundus omnesque partes mundi, quaeque in eo essent.* [*Quae cum res tota* ficta sit pueriliter, *tum ne efficit quidem quod vult*]" ["Pois ele (isto é, Epicuro) afirma que justamente aqueles corpos indivisíveis e sólidos são carregados em linha reta para baixo por seu peso; esse seria o movimento natural de todos os corpos. Mas logo ocorreu a esse *homem perspicaz* que, se acontecesse isso, se todos fossem impelidos de cima para baixo e, ademais, em linha reta, jamais um átomo poderia tocar em outro; em consequência, recorreu a uma mentira: ele disse que o átomo se desvia bem pouco (o mínimo possível), o que ocasionaria interconexões, uniões e ligações de átomos entre si, do que surgiria o mundo e todas as partes do mundo e tudo o que há nele. [Tudo isso é *inventado de maneria pueril* e não produz o efeito por ele desejado]"].

[4] Cícero, *De natura deorum*, I, 25: "*Epicurus, quum videret, si atomi ferrentur in locum inferiorem suopte pondere, nihil fore in nostra potestate, quod esset earum motus certus et necessarius, invenit, quo modo necessitatem effugeret, quod videlicet Democritum fugerat; ait, atomum, quum pondere et gravitate directo deorsum feratur, declinare paullulum. Hoc dicere, turpius est, quam illud, quod vult, non posse defendere*" ["Quando Epicuro viu que, se os átomos fossem impelidos para baixo por seu peso, nada poderíamos fazer, já que seu movimento seria certo e necessário, descobriu um modo de fugir à necessidade, o qual, pelo visto, escapara a Demócrito: ele diz que, embora seja impelido para baixo pelo peso e a gravidade, o átomo se desvia um pouquinho. Dizer isso é mais vergonhoso do que não poder defender o que se quer"]. Cf. idem, *De fato*, 10[: "*Sed Epicurus, declinatione atomi vitari fati necessitatem putat. Itaque tertius quidem motus oritur extra pondus et plagam, cum declinat atomus intervallo minimo*].

Diferença entre a filosofia da natureza de Demócrito e a de Epicuro

Pierre Bayle emite um juízo similar:

Avant lui (c.-à-d. Épicure) on n'avait admis dans les atomes que le mouvement de pesantement et celui de reflexion. Épicure supposa, que meme au milieu du vide les atomes déclinaient un peu de la ligne droite; et de là venait la liberté, disait-il. [...] Remarquez en passant, que ce ne fut [pas] le seul motif, qui le porta à inventer ce mouvement de déclinaison; il le fit servir aussi à expliquer la rencontre des atomes, car il vit bien, qu'en supposant, qu'ils se mouvaient avec une égale vîtesse par des lignes droites, qui tendaient toutes de haut en bas, il ne ferait jamais entendre, qu'ils eussent pu se rencontrer, et qu'aussi la production du monde aurait été impossible. Il fallut donc, qu'ils s'écartaient de la ligne droite.
[Antes dele (isto é, de Epicuro) só se admitiam nos átomos o movimento da gravidade e o da reflexão. Epicuro admitiu que, mesmo no vácuo, os átomos declinariam um pouco da linha reta; ele dizia que disso provinha a liberdade. [...] Observe-se de passagem que esse não foi o único motivo que o levou a inventar tal movimento de declinação; este lhe servia também para explicar o encontro dos átomos, pois ele percebeu muito bem que, supondo que eles se movessem com a mesma velocidade em linhas retas, tendendo todos de cima para baixo, jamais se poderia fazer entender que tivessem podido se encontrar e que, se fosse assim, a produção do mundo teria sido impossível. Portanto, foi necessário que eles se afastassem da linha reta.][5]

Por ora, deixo estar a concludência dessas reflexões. Cada qual será capaz de perceber de relance que o mais recente crítico de Epicuro, *Schaubach*, entendeu mal Cícero quando disse:

De acordo com Cícero (*De natura deorum* [Sobre a natureza dos deuses], I, 25), os átomos seriam todos impelidos para baixo pela gravidade e, portanto, por razões físicas, paralelamente; ganhariam, contudo, outro movimento pela repulsão recíproca, um movimento oblíquo devido a causas contingentes, e isso desde a eternidade.[6]

---

[5] [Pierre] Bayle, *Dict[ionaire] hist[orique et critique]* (3. ed., Rotterdam, 1720), t. 2, p. 1.085], v. Épicure.

[6] [J. K.] Schaubach, Ueber Epikur's astronomische Begriffe[, nebst einem Nachtrage zu Nr. 195 des A. Anz. d. D. 1837, *Neue Jahrbücher für Philologie und Paedagogik oder*

Karl Marx

Na passagem citada, Cícero, em primeiro lugar, não faz da repulsão a razão da direção oblíqua, mas, muito antes, a direção oblíqua como razão da repulsão. Em segundo lugar, ele não fala de causas contingentes, mas, bem antes, reclama do fato de causas nem mesmo serem indicadas, bem como também seria por si só contraditório assumir ao mesmo tempo a repulsão e, não obstante, causas contingentes como razão da direção oblíqua. Quando muito, ainda se poderia falar de causas contingentes da repulsão, mas não da direção oblíqua.

Aliás, uma peculiaridade das reflexões de Cícero e Bayle é tão evidente que não se pode deixar de ressaltá-la de imediato. A saber, eles imputam a Epicuro motivações que se anulam reciprocamente. Epicuro teria assumido a declinação dos átomos ora para explicar a repulsão, ora para explicar a liberdade. Porém, se os átomos *não* se chocarem sem declinação, a declinação será supérflua como fundamentação da liberdade; o oposto da liberdade só começa, como constatamos a partir de *Lucrécio*[7], com o entrechoque determinista e violento dos átomos. Porém, se os átomos se chocarem *sem* declinação, esta será supérflua como fundamentação da repulsão. Digo que essa contradição surge quando as razões da declinação do átomo da linha reta são concebidas de modo tão superficial e incoerente como em Cícero e Bayle. Encontraremos uma exposição mais profunda em Lucrécio, o único de todos os antigos que compreendeu a física epicurista.

Voltemos nossa atenção agora à análise da própria declinação.

Como o ponto é conservado na linha, também cada corpo em queda é conservado na linha reta que ele descreve. Não se trata aqui de uma qualidade específica. Uma maçã descreve, ao cair, uma linha

---

Kritische Bibliothek für das Schul- und Unterrichtswesen (ed. Gottfried] Seebode, [Johann Christian] Jahn e [Reinhold] Klotz. [Suplemento ao] v. 5, cad. 4 do Archiv für Philologie und Paedagogik[, Leipzig, 1839]), p. 549.

[7] Lucrécio, *De rerum natura* [*libri sex* (ed. Henr. Car. Abr. Eichstädt, Lipsiae [Leipzig], 1801) v. 1], II, 251 e seg.: *"Denique si semper motus connectitur omnis,/ Et vetere exoritur semper novus ordine certo/ [...]/ Unde est haec, inquam, fatis avolsa voluntas?"* ["Ademais, se um movimento sempre se encadeia em outro,/ e se de um movimento anterior sempre surge um novo numa ordem certa/ [...]/ De onde provém, pergunto, a vontade arrebatada ao destino?"].

vertical tanto quanto um pedaço de ferro. Cada corpo, na medida em que é concebido no movimento de queda, não passa, portanto, de um ponto em movimento, mais precisamente, um ponto sem autonomia, que renuncia à sua particularidade em uma existência bem determinada – a linha reta que ele descreve. Logo, Aristóteles observa, com razão, contra os pitagóricos o seguinte: "Dizeis que o movimento da linha é a superfície, que o do ponto é a linha; portanto, também os movimentos das mônadas são linhas"[8]. A consequência disso, tanto no caso das mônadas quanto no dos átomos, seria, portanto, que eles estão em constante movimento[9], que não existem nem a mônada nem o átomo, mas, muito antes, desaparecem na linha reta; pois a solidez do átomo ainda nem existe enquanto ele for compreendido apenas como caindo em linha reta. Em primeiro lugar, quando o vácuo é representado como vácuo espacial, o átomo é *a negação do espaço abstrato*; é, portanto, *um ponto espacial*. A solidez, a intensidade, que se afirma contra o para-fora-de-si [*Außer-einander*] do espaço dentro de si só pode advir de um princípio que nega toda a esfera do espaço, como sucede com o tempo na natureza real. Além do mais, mesmo que não se queira assumir isso, o átomo, na medida em que seu movimento for uma linha reta, é determinado puramente pelo espaço, sendo-lhe prescrita uma existência relativa, e sua existência é puramente material. Porém, vimos que um dos aspectos no conceito do átomo é pura forma, negação de toda relatividade, a de ser toda relação com outra existência. Ao mesmo tempo, percebemos que

---

[8] Aristóteles, *De anima*, I, 4, 16-7: "Πῶς γὰρ χρὴ νοῆσαι μονάδα κινουμένην καὶ ὑπὸ τίνος καὶ πῶς, ἀμερῆ καὶ ἀδιάφορον οὖσαν· εἰ γάρ ἐστι κινητικὴ καὶ κινητή, διαφέρειν δεῖ. Ἔτι δ' ἐπεί φασι κινηθεῖσαν γραμμὴν ἐπίπεδον ποιεῖν, στιγμὴν δὲ γραμμὴν καὶ αἱ τῶν μονάδων κινήσεις γραμμαὶ ἔσονται" ["Como se deve conceber uma mônada em movimento? Pelo que e de que modo seria ela posta em movimento, dado que é incomposta e indiferenciada? Pois, se for capaz de movimento e estiver em movimento, ela deve ter uma diferença. *Dado que eles* [isto é, os pitagóricos], *além disso, afirmam que, quando é movimentada, uma linha gera uma superfície e que um ponto gera uma linha, também os movimentos das mônadas serão linhas*"].

[9] Diógenes Laércio, cit., X, 43: "Κινοῦνταί τε συνεχῶς αἱ ἄτομοι" ["Os átomos se movimentam *constantemente*"]. Simplício, cit., p. 424: "[οἱ περὶ] Ἐπίκουρον [...] τὴν κίνησιν ἀΐδιον" ["Os adeptos de Epicuro [...] dizem que o movimento é *eterno*"].

Karl Marx

Epicuro torna objetivos os dois aspectos que se contradizem, mas residem no conceito do átomo.

Ora, como Epicuro pode realizar a pura determinação formal do átomo, o conceito da pura particularidade, que nega toda existência determinada por outra?

Dado que ele se move no campo do ser imediato, todas as determinações são imediatas. Portanto, as determinações antagônicas são contrapostas umas às outras como realidades imediatas.

Porém, a *existência relativa* com que se depara o átomo, *a existência que ele tem de negar, é a linha reta*. A negação imediata desse movimento é *outro movimento* e, portanto, igualmente concebido como espacial – a saber, a *declinação da linha reta*.

Os átomos são corpos puramente autônomos ou, muito antes, corpos pensados como tendo autonomia completa, como os corpos celestes. Por conseguinte, eles também se movimentam, não em linhas retas, mas em linhas inclinadas. *O movimento da queda é o movimento da não autonomia*.

Portanto, quando representou a materialidade do átomo em seu movimento em linha reta, Epicuro realizou a determinação de sua forma na declinação da linha reta; essas determinações contrapostas são representadas como movimentos frontalmente antagônicos.

Por conseguinte, *Lucrécio* afirma, com razão, que a declinação rompe com os *fati foedera* [laços do destino][10]; e, por aplicar isso de imediato ao consciente[11], pode-se dizer do átomo que a declinação seria aquele algo em seu âmago que é capaz de contra-atacar e resistir.

Então Cícero critica Epicuro nestes termos:

> Ele nem mesmo logrou aquilo que pretendia ao inventar isso; pois, se todos os átomos declinassem, jamais algum se uniria com outro ou

---

[10] Lucrécio, *De rerum natura*, II, 251 e seg.: "[...] *si* [...]/ *Nec declinando faciunt primordia motus/ Principium quoddam, quod fati foedera rumpat,/ Ex infinite ne causam causa sequatur*" ["[...] se [...]/ Ao declinarem, [os átomos] não fizerem um primeiro movimento/ Algum começo que rompa os laços do destino/ Para que não decorra infinitamente uma causa de outra causa"].

[11] Ibidem, II, 279 e seg.: "[...] *esse in pectore nostro/ Quiddam, quod contra pugnare obstareque possit*" ["[...] que haja em nosso peito algo que possa contra-atacar e resistir"].

Diferença entre a filosofia da natureza de Demócrito e a de Epicuro

alguns se desviariam e outros seriam impelidos em linha reta por seu movimento. Seria preciso, portanto, como que designar aos átomos determinados postos quais deveriam se movimentar em linha reta e quais obliquamente.[12]

Essa objeção tem sua razão de ser no fato de que os dois aspectos que residem no conceito do átomo são representados como movimentos bem diferentes e, portanto, também deveriam ser atribuídos a indivíduos diferentes – incoerência que, no entanto, é coerente, pois a esfera do átomo é a imediatidade.

Epicuro percebe bem a contradição nisso. Por esse motivo, procura representar a declinação tanto quanto possível como *não sensível*. Ela não está *"nec regione loci certa, nec tempore certo* [nem em um lugar preciso nem em um tempo preciso]"[13], acontecendo no espaço mais diminuto possível[14].

Além disso, *Cícero*[15] e, de acordo com Plutarco, vários antigos[16] criticam o fato de a declinação do átomo acontecer *sem causa*; e isso, segundo Cícero, é a coisa mais ignominiosa que pode acontecer a

---

[12] Cícero, *De finibus*, I, 6: "*Nec tamen id, cujus causa haec finxerat, assecutus est; nam, si omnes atomi declinabunt, nullae unquam cohaerescent, sive aliae declinabunt, aliae suo nutu recte ferentur. Primum erit hoc quasi provincias atomis dare, quae recte, quae oblique ferantur*" ["Ele, contudo, não conseguiu aquilo, por que ele inventara isso; pois, se todos os átomos declinarem, nenhum jamais se ligará a outro; ou uns declinarão e outros serão impelidos para baixo por seu peso; nesse caso, será preciso designar primeiro aos átomos certas áreas em que devem se movimentar em linha reta e outras em que devem se movimentar obliquamente"].

[13] Lucrécio, cit., 293.

[14] Cícero, *De fatum*, 10: "*Declinat atomus intervallo minimo, id appellat ἐλάχιστον*" ["O átomo declina no menor intervalo possível, que ele [Epicuro] chama de *eláchiston* [mínimo]"].

[15] Idem: "*Quam declinationem sine causa fieri, si minus verbis, re cogitur confiteri*" ["Que a declinação acontece sem uma causa, isso ele tem de admitir de fato, mesmo que não tanto em palavras"].

[16] Plutarco, *De animae procreatione [e Timaeo*, em Varia Scripta, quae moralia vulgo vocantur (ed. estereotipada, t. 6, Lipsiae [Leipzig], 1815/1820/1829)], p. 8: "Ἐπικούρῳ μὲν γὰρ οὐδὲ ἀκαρὲς ἐγκλίνειν τὴν ἄτομον συγχωροῦσιν, ὡς ἀναίτιον ἐπεισάγοντι κίνησιν ἐκ τοῦ μὴ ὄντος" ["Porque eles [isto é, os estoicos] não concedem a Epicuro que o átomo declina, mesmo que seja bem pouco, porque desse modo ele introduziria um movimento não causado a partir do não existente"].

um físico[17]. Só que, em primeiro lugar, uma causa física, como a que Cícero quer, jogaria a declinação do átomo de volta para as fileiras do determinismo, para fora das quais ele justamente quer alçá-la. *Em segundo lugar, porém, o átomo ainda nem está completo antes de ser posto na determinação da declinação.* Perguntar pela causa dessa determinação significa, portanto, perguntar pela causa que converte o átomo em princípio – pergunta que evidentemente é absurda para quem considera o átomo a causa de tudo, sendo, portanto, ele próprio sem causa.

Por fim, apoiado na autoridade de *Agostinho*[18], segundo o qual Demócrito atribuiu aos átomos um princípio espiritual – autoridade que, aliás, diante da oposição a Aristóteles e aos demais filósofos antigos, é totalmente irrelevante –, *Bayle*[19] critica Epicuro por ter inventado a declinação em lugar desse princípio espiritual; nesse caso, ao contrário, o que se ganhou com a alma do átomo não passa de mera palavra, enquanto na declinação está representada a verdadeira alma do átomo, o conceito da particularidade abstrata.

Antes de passarmos para a análise da consequência da declinação do átomo da linha reta, é preciso ressaltar um aspecto sumamente importante, que até agora passou despercebido.

A saber, a declinação do átomo da linha reta não é uma determinação especial que casualmente ocorre na física epicurista. Pelo contrário, a lei que

---

[17] Cícero, *De finibus*, I, 6: "*Nam et ipsa declinatio ad libidinem fingitur (ait enim declinare atomum sine causa; quo nihil turpius physico, quam, fieri sine causa quidquam, dicere), et illum motum naturalem omnium ponderum, ut ipse constituit, e regione inferiorem locum petentium, sine causa eripuit atomis*" ["Por um lado, a própria declinação é uma invenção arbitrária (pois ele diz *que o átomo declina sem causa; não há nada pior para um cientista da natureza do que dizer que algo acontece sem uma causa*); por outro lado, privou sem causa os átomos daquele movimento natural de todos os corpos pesados que, conforme sua própria afirmação, tendem de cima para baixo"].

[18] Agostinho, *Epístola 56*. [Marx cita cf. Bayle, cit., p. 984: "*Democritus hoc distare in naturalibus quaestionibus ab Epicuro dicitur quod iste sentit, inesse concursioni atomorum vim quandam animalem et spiritualem. [...] Epicurus vero neque aliquid in principiis rerum ponit, praeter atomos*" ["Demócrito teria se diferenciado de Epicuro no campo da ciência natural também por pensar que no entrechoque dos átomos reside certa força psíquica e espiritual. [...] Epicuro, porém, coloca entre os princípios das coisas nada além dos átomos"]. (N. E. A.)]

[19] Bayle, cit.[, p. 984].

Diferença entre a filosofia da natureza de Demócrito e a de Epicuro

ela expressa percorre toda a filosofia epicurista, mas obviamente de modo que a determinidade de sua manifestação seja dependente da esfera em que é aplicada.

A particularidade abstrata só pode operar seu conceito, sua determinação formal, o puro ser-para-si, a independência em relação à existência imediata, a supressão de toda relatividade, *abstraindo da existência com que ela se depara*; para superá-la verdadeiramente, ela teria de idealizá-la, o que só é possível à generalidade.

Portanto, do mesmo modo como o átomo se liberta de sua existência relativa, da linha reta, abstraindo dela, declinando dela, também toda a filosofia epicurista declina da existência limitadora sempre que sua intenção é apresentar a existência do conceito da particularidade abstrata, da autonomia e da negação de toda relação com outra coisa.

Assim, a finalidade do fazer é abstrair, declinar da dor e da perturbação, ou seja, a ataraxia[20]. Assim, aquilo que é bom constitui a fuga diante daquilo que é mau[21], assim, o prazer é declinar do sofrimento[22]. Por fim, onde a particularidade abstrata aparece em sua suprema liberdade e autonomia, em sua totalidade, consequentemente a existência da qual se declina é *toda a existência*; por conseguinte, *os deuses declinam do mundo* e não se preocupam com ele, morando fora dele[23].

---

[20] Diógenes Laércio, cit., X, 128: "Τούτου γὰρ χάριν ἅπαντα πράττομεν, ὅπως μήτε ἀλγῶμεν μήτε ταρβῶμεν" ["Pois a finalidade de todo o nosso fazer é não padecer de dor nem de perplexidade"].

[21] Plutarco, *De eo, quod secundum Epicurum non beate vivi possit*, p. 1.091: "Ὅμοια δὲ καὶ τὰ Ἐπικούρου λέγοντος, τὴν τοῦ ἀγαθοῦ φύσιν ἐξ αὐτῆς τῆς φυγῆς τοῦ κακοῦ" ["Porém, a opinião de Epicuro é similar, ao dizer que a essência do bem consiste em fugir do que é mau"].

[22] Clemente de Alexandria, *Stromateis*, II, p. 415: "Ὁ δὲ Ἐπίκουρος καὶ τὴν τῆς ἀλγηδόνος ὑπεξαίρεσιν ἡδονὴν εἶναι" ["Epicuro, porém, diz que também a supressão da dor seria prazer"].

[23] Sêneca, [*Ad Aebucium liberalem*] *de beneficiis* [*libri VII*, em *Opera, quae extant*, t. 1 (Amstelodami [Amsterdã], 1672)], IV, p. 699: "*Itaque non dat deus beneficia, sed securus et negligens nostri, aversus a mundo; nec magis illum beneficia, quam injuriae tangunt*" ["Por conseguinte, deus não proporciona benefícios, mas, despreocupado e sem dar a mínima para nós, volta as costas para o mundo; não o tocam nem as boas ações nem as injúrias"].

Karl Marx

Zombou-se desses deuses de Epicuro, que, semelhantes a humanos, residem nos intermundos do mundo real, não têm corpo, mas algo como corpo, não têm sangue, mas algo como sangue[24], e, mantendo-se em repouso bem-aventurado, não escutam nenhuma súplica nem se preocupam conosco e com o mundo; além disso, sendo adorados por sua beleza, sua majestade e sua natureza excelente, não visam a obter nenhum ganho.

No entanto, esses deuses não são ficção de Epicuro. Eles existiram. *São os deuses plasmados pela arte grega.* O *romano Cícero* os satiriza com razão[25]; por sua vez, o *grego Plutarco* esqueceu toda a intuição grega quando opinou que o temor e a superstição suscitariam essa doutrina dos deuses, que não traz alegria nem o favor dos deuses, mas estabelece entre nós e eles a mesma relação que temos com os peixes de Hircano, dos quais não esperamos nem dano nem proveito nenhum[26]. O repouso teórico é um dos principais aspectos do cará-

---

[24] Cícero, *De natura deorum*, I, 24: "*ita enim dicebas, non corpus esse in deo, sed quasi corpus, nec sanguinem, sed quasi sanguinem*" ["pois disseste que deus não tem corpo, mas algo parecido com um corpo, nem sangue, mas algo parecido com sangue"].

[25] Ibidem, I, 38-9: "*Quem cibum igitur, aut quas potiones, aut quas vocum aut florum varietates, aut quos tactus, quos odores adhibebis ad Deos, ut eos perfundas voluptatibus?* [...] *Quid est enim, cur Deos ab hominibus colendos dicas, quum Dii non modo homines non colant, sed omnino nihil curent, nihil agant? At est eorum eximia quaedam praestansque natura, ut ea debeat ipsa per se ad se colendam elicere sapientem. An quidquam eximium potest esse in ea natura, quae, sua voluptate laetans, nihil nec actura sit unquam, neque agat, neque egerit?*" ["Portanto, que alimentos, ou que bebidas, ou que variedade de tons ou flores, ou que sensações táteis e que odores usarás para cumular os deuses de prazeres? [...] Por que razão dizes que os humanos têm de cultuar os deuses, visto que os deuses não cultuam os humanos, antes não se preocupam com nada nem fazem nada? Porém, eles de certo modo têm uma natureza tão extraordinária e primorosa que ela necessariamente seduz o sábio a cultuá-los. Mas o que pode haver de tão extraordinário em uma natureza, a ponto de deleitar-se em seu próprio prazer e nunca ter feito, não fazer nem vir a fazer nada?"].

[26] Plutarco, *De eo, quod secundum Epicurum non beate vivi possit*, p. [1.100-]1.101: "Ὁ λόγος αὐτῶν φόβον ἀφαιρεῖ καὶ δεισιδαιμονίαν, εὐφροσύνην δὲ καὶ χαρὰν ἀπὸ τῶν θεῶν οὐκ ἐνδίδωσιν ἀλλ' οὕτως ἔχειν ποιεῖ πρὸς αὐτοὺς τῷ μὴ ταράττεσθαι, μηδὲ χαίρειν, ὡς πρὸς τοὺς ὑρκανοὺς ἰχθῦς ἔχομεν [conjectura: ὑρκανοὺς ἢ ἰχθυοφάγους], οὔτε χρηστὸν οὐδὲν οὔτε φαῦλον ἀπ' αὐτῶν προςδοκῶντες" ["Seu ensino acaba com o temor e a superstição, não infundindo, porém, contentamento e alegria da parte dos deuses, mas, livrando-nos da perplexidade e da alegria, proporciona-nos para com os deuses a mesma relação que temos com os peixes de Hircano [conjectura: os hircanos ou comedores de peixes], dos quais não esperamos nada de bom nem nada de ruim"].

ter dos deuses gregos, como também diz *Aristóteles*: "O melhor não necessita agir, pois ele mesmo já é a finalidade"[27].

Analisaremos agora a *consequência* direta da declinação do átomo. Nela está expresso que o átomo nega todo movimento e toda relação em que é determinado por outro como existência específica. Isso é representado de tal modo que o átomo abstrai da existência com que se depara e escapa a ela. Porém, o que está contido nisso, *sua negação de toda relação com outra coisa*, precisa *ser realizado, posto em termos positivos*. Isso só pode acontecer na medida em que *a existência a que se refere não for diferente de si mesma* e, portanto, for igualmente *um átomo* e, dado que ele mesmo é imediatamente determinado, *muitos átomos. Assim, a repulsão dos muitos átomos é a realização necessária da lex atomi* [lei dos átomos]*, que é como *Lucrécio* denomina a declinação. Porém, pelo fato de que aqui toda determinação é posta como existência específica, a repulsão seria acrescentada como terceiro movimento aos dois anteriores. Lucrécio diz com toda a razão que, se os átomos não costumassem declinar, não teria havido nem contragolpe nem entrechoque deles, e o mundo jamais teria sido criado[28]. Pois os átomos são *o único objeto de si mesmos, só podendo se referir a si mesmos* e, portanto, em termos espaciais, *chocar-se*, negando toda a existência relativa deles, na qual eles se refeririam a outro; e essa existência relativa é, como vimos, seu movimento original, o da queda em linha reta. Portanto, eles

---

[27] Aristóteles, *De coelo* [*libri IV* (ed. Tauchnitz)], II, 12: "Τῷ δὲ ὡς ἄριστα ἔχοντι οὐδὲν δεῖ πράξεως· ἔστι γὰρ αὐτὸ τὸ οὗ ἕνεκα" ["O que se comporta da melhor maneira não necessita de prática, pois constitui sua própria finalidade"].

* Essa expressão não ocorre em *De rerum natura*, de Lucrécio. O conceito deve ter sido introduzido pelo próprio Marx, pois ele o empregou na formulação "a lei do átomo", ao estudar as concepções de Lucrécio nos *Cadernos sobre a filosofia epicurista* a fim de definir a *declinatio atomi a recta via* de Epicuro. Ao elaborar a dissertação, ele aproveitou esses trabalhos prévios e traduziu a expressão para o latim. (N. E. A.)

[28] Lucrécio, *De rerum natura*, II, 221 e seg.: "*Quod nisi declinare solerent* (isto é, *atomi*):/ [...] *Nec foret offensus natus, nec plaga creata/ Principiis, ita nil unquam* [*natura*] *creasset*" ["Se eles (isto é, os átomos) não costumassem declinar:/ [...] Não teria havido golpe nem choque/ para os corpos originais, e assim a [natureza] jamais teria criado algo"].

só se chocam por declinação desse movimento. Não se trata aqui da simples fragmentação material[29].

Na verdade, a particularidade imediatamente existente só se realiza, segundo seu conceito, na medida em que se refere a outro, diferente de si mesma, quando ela se depara com o outro também na forma de existência imediata. Assim, o ser humano só cessa de ser produto da natureza quando o outro a que ele se refere não é uma existência diferente, mas igualmente um ser humano individual, mesmo que ainda não seja o espírito. Para que o ser humano enquanto ser humano se torne seu único objeto real, é preciso que ele tenha rompido dentro de si com sua existência relativa, com a força do desejo e da simples natureza. *A repulsão é a primeira forma da autoconsciência*; ela corresponde, por conseguinte, à autoconsciência que se concebe como imediatamente existente, abstratamente individual.

Na repulsão, portanto, também é realizado o conceito do átomo, segundo o qual ele é a forma abstrata, mas também o oposto desta, ou seja, a matéria abstrata; aquilo a que ele se refere de fato são átomos, mas *outros* átomos. *Se eu me comporto em relação a mim mesmo como se eu fosse um imediatamente outro, meu comportamento é material.* É a máxima exterioridade que pode ser pensada. Na repulsão dos átomos, estão sinteticamente reunidas, portanto, a materialidade deles, da queda em linha reta, e sua determinação formal, posta na declinação.

Em contraposição a Epicuro, *Demócrito* converte em movimento violento, em ato da necessidade cega, o que para aquele é realização do conceito do átomo. Já ouvimos que ele aponta como substância da necessidade a voragem (δίνη), que surge da repulsão e do entrecho-

---

[29] Ibidem, 284 e seg.: "*Quare in seminibus quoque [idem] fateare necesse est/ Esse aliam praeter plagas et pondera causam/ Motibus, unde haec est olleis innata potestas./ [...] ne plageis omnia fiant/ Externa quasi vi, sed ne mens ipsa necessum/ Intestinum habeat cunctis in rebus agendis,/ Et, devicta quasi, cogatur ferre patique:/ Id facit exiguum clinamen principiorum*" ["Por essa razão, deves admitir [o mesmo] para os átomos/ Que além de choques e pesos há outra causa/ para seus movimentos, da qual provém a força que lhes é inata./ [...] que nem tudo acontece por choques e,/ portanto, por força externa, mas para que a própria mente não tenha uma necessidade/ interior ao fazer todas as coisas,/ E não tenha de suportar e tolerar tudo como alguém que foi derrotado:/ É isso o que efetua o desvio mínimo dos corpos originais"].

Diferença entre a filosofia da natureza de Demócrito e a de Epicuro

que dos átomos. Ele apreende, portanto, na repulsão, apenas o lado material, a fragmentação, a mudança, mas não o lado ideal, segundo o qual nela é negada toda relação com outro e o movimento é posto como autodeterminação. Isso se pode depreender claramente do fato de que ele pensa, de modo bem sensível, um só e o mesmo corpo dividido em muitos pelo espaço vazio, como o ouro partido em pedaços[30]. Na prática, ele não concebe o uno como conceito do átomo.

Com razão, *Aristóteles* polemiza com ele:

> Por isso, Leucipo e Demócrito, por afirmarem que os primeiros corpos sempre se movem no vácuo e no infinito, deveriam dizer que tipo de movimento é esse e qual seria o movimento adequado à sua natureza. Pois, se cada um desses elementos for movido violentamente pelo outro, então é necessário que cada um também tenha um movimento natural, além do violento; e esse primeiro movimento não pode ser violento, tem de ser natural. Caso contrário, ocorre o progresso infinito.[31]

A declinação epicurista do átomo modificou, portanto, toda a construção interna do reino dos átomos, na medida em que, por meio

---

[30] Aristóteles, *De coelo*, I, 7: "Εἰ δὲ μὴ συνεχὲς τὸ πᾶν, ἀλλ᾽, ὥςπερ λέγει Δημόκριτος καὶ Λεύκιππος, διωρισμένα τῷ κενῷ, μίαν ἀναγκαῖον πάντων εἶναι τὴν κίνησιν· τὴν δὲ φύσιν αὐτῶν εἶναι μίαν, ὥςπερ ἄν, εἰ χρυσὸς ἕκαστον εἴη κεχωρισμένος" ["Se o universo não é coeso, mas, como dizem Demócrito e Leucipo, algo separado pelo vácuo, o movimento de todas as coisas tem de ser um só; sua substância seria uma só, como ouro partido em pedaços"].

[31] Ibidem, III, 2: "Διὸ καὶ Λευκίππῳ καὶ Δημοκρίτῳ, τοῖς λέγουσιν ἀεὶ κινεῖσθαι τὰ πρῶτα σώματα ἐν τῷ κενῷ καὶ τῷ ἀπείρῳ, λεκτέον, τίνα κίνησιν καὶ τίς ἡ κατὰ φύσιν αὐτῶν κίνησις. Εἰ γὰρ ἄλλο ὑπ᾽ ἄλλου κινεῖται βίᾳ τῶν στοιχείων, ἀλλὰ καὶ κατὰ φύσιν ἀνάγκη τινὰ εἶναι κίνησιν ἑκάστου, παρ᾽ ἣν ἡ βίαιός ἐστι· καὶ δεῖ τὴν πρώτην κινοῦσαν, μὴ βίᾳ κινεῖν, ἀλλὰ κατὰ φύσιν· εἰς ἄπειρον γὰρ εἶσιν, εἰ μή τι ἔσται κατὰ φύσιν κινοῦν πρῶτον, ἀλλ᾽ ἀεὶ τὸ πρότερον βίᾳ κινούμενον κινήσει" ["Por isso, Leucipo e Demócrito, que dizem que os corpos originais se movem sempre no vácuo e no infinito, deveriam dizer também de que tipo de movimento se trata e qual é o movimento adequado à sua natureza. Pois, se cada um dos elementos é posto em movimento por meio da força, então é necessário que cada um deles também tenha um movimento natural, contra o qual se volta o movimento forçado; e o primeiro movimento não pode ser pela força, mas tem de mover naturalmente, pois instaura-se o progresso infinito se não houver algo que ocasione naturalmente o primeiro movimento e se tudo o que causar movimento tem de ser antes movido pela força"].

dela, ganhou relevância a determinação da forma e foi realizada a contradição que reside no conceito do átomo. Por conseguinte, Epicuro foi o primeiro a captar, ainda que de forma sensível, a essência da repulsão, ao passo que Demócrito tomou ciência apenas de sua existência material.

Por essa razão, encontramos em Epicuro a aplicação de formas mais concretas da repulsão; no plano político, é o *contrato*[32], no social, a *amizade*, enaltecida como a coisa mais elevada[33].

---

[32] Diógenes Laércio, cit., X, 150: "ὅσα τῶν ζῴων μὴ ἠδύνατο *συνθήκας ποιεῖσθαι* τὰς ὑπὲρ τοῦ μὴ βλάπτειν ἄλληλα, μηδὲ βλάπτεσθαι· πρὸς ταῦτα *οὐθέν ἐστιν οὐδὲ δίκαιον, οὐδὲ ἄδικον*. ὡσαύτως δὲ καὶ τῶν ἐθνῶν ὅσα μὴ ἠδύνατο, ἢ μὴ ἐβούλετο τὰς συνθήκας ποιεῖσθαι, τὰς ὑπὲρ τοῦ μὴ βλάπτειν ἀλλήλους, μηδὲ βλάπτεσθαι. οὐκ ἦν τι καθ' ἑαυτὸ δικαιοσύνη, ἀλλ' ἢ ἐν ταῖς μετ' ἀλλήλων συστροφαῖς, καθ' ὁμιλίας δή ποτε ἔδει τόπους συνθήκην τινα ποιεῖσθαι ὑπὲρ τοῦ μὴ βλάπτειν, ἢ βλάπτεσθαι" ["Para todos os seres vivos que não tiveram a capacidade de firmar *acordos* para não se prejudicar mutuamente nem se deixar prejudicar, para esses *não há justiça nem injustiça*. O mesmo vale para todos os povos que não puderam ou não quiseram firmar acordos para não se prejudicar uns aos outros nem se deixar prejudicar. A justiça não é uma coisa em si, mas uma espécie de acordo para não se prejudicar mutuamente nem permitir que seja prejudicado, acordo que resulta da inter-relação recíproca em regiões, independentemente do tamanho delas"].

[33] [Sem conteúdo. (N. T.)]

CAPÍTULO II
As qualidades do átomo

Ter qualidades é algo que contradiz o conceito do átomo; pois, como diz Epicuro, toda qualidade é mutável, mas os átomos não mudam[1]. Não obstante, trata-se de *consequência necessária* atribuir-lhes essa qualidade, pois os muitos átomos da repulsão, separados uns dos outros pelo espaço sensível, têm de estar *diretamente separados uns dos outros e ser diferentes de sua pura essência*, isto é, devem possuir *qualidades*.

Por conseguinte, nem levarei em consideração a afirmação de *Schneider* e *Nürnberger* de que "Epicuro não atribuiu qualidades aos átomos e que os §§ 44 e 54 da carta a Heródoto em Diógenes Laércio são imputados a ele"*. Se fosse realmente assim, como se poderiam declarar sem valor os testemunhos de Lucrécio, de Plutarco, e mesmo de todos os autores que narram a respeito de Epicuro? Ademais, Diógenes Laércio menciona as qualidades do átomo – e não faz isso em apenas dois, mas em dez parágrafos, a saber, §§ 42, 43, 44, 54, 55, 56, 57, 58, 59 e 61. A razão alegada por aqueles críticos, a de que "não saberiam coadunar as qualidades do átomo com seu conceito",

---

[1] Diógenes Laércio, cit., X, 54: "Ποιότης γὰρ πᾶσα μεταβάλλει· αἱ δὲ ἄτομοι οὐδὲν μεταβάλλουσιν" ["Pois toda qualidade sofre mudanças, mas os átomos não mudam"]. Lucrécio, *De rerum naturam*, II, 861 e seg.: "*Omnia sint a principiis sejuncta, necesse est,/ Immortalia si volumus subjungere rebus/ Fundamenta, quibus nitatur summa salutis*" ["Todas elas [isto é, as qualidades perceptíveis com os sentidos] precisam ser diferenciadas dos corpos originais,/ se quisermos pôr na base imortais/ fundamentos sobre os quais apoiar o supremo bem-estar"].

* Provavelmente citação indireta a partir de J. K. Schaubach, *Ueber Epikur's astronomische Begriffe*, cit., p. 550. (N. E. A.)

é bastante rasa. *Spinoza* diz que ignorância não é argumento*. Se cada qual quisesse riscar as passagens dos antigos que não consegue entender, muito em breve teríamos *tabula rasa*!

Por meio das qualidades, o átomo adquire uma existência que contradiz seu conceito, é posto como *existência exteriorizada, diferenciada de sua essência*. É essa contradição que constitui o interesse principal de Epicuro. Por conseguinte, assim que ele põe uma qualidade e, desse modo, tira a consequência da natureza material do átomo, ele contrapõe, ao mesmo tempo, determinações que de novo aniquilam essa qualidade em sua própria esfera e, em contraposição, fazem valer o conceito do átomo. Logo, *ele determina todas as qualidades de tal maneira que elas se contradizem*. Demócrito, em contraposição, em lugar nenhum analisa as qualidades referentes ao próprio átomo nem objetiva a contradição entre o conceito e a existência que nele reside. Muito antes, seu interesse está todo voltado para expor as qualidades em relação à natureza concreta que se quer formar a partir delas. Para ele, elas são meras hipóteses a explicar a multiplicidade fenomênica. Por conseguinte, o conceito do átomo não tem nada a ver com elas.

Para demonstrar nossa afirmação, é preciso que primeiro entremos em um acordo com as fontes, que parecem se contradizer nesse ponto.

No escrito *De placitis philosophorum*, consta: "*Epicuro* afirma que aos átomos competem estas três coisas: tamanho, forma, peso. Demócrito assumiu apenas duas: tamanho e forma; Epicuro acrescentou a estas o peso como terceira coisa"[2]. A mesma passagem se encontra repetida na *Praeparatio evangelica* de Eusébio[3].

---

* Citação livre de Baruch de Spinoza, *Ética demonstrada à maneira dos geômetras*, parte I: *De Deus*, proposição XXXVI, Apêndice (São Paulo, Martin Claret, 2002), p. 122. (N. T.)

[2] [Plutarco,] *De placitis philosophorum*, [I, p. 235-6]: "Ἐπίκουρος [...] ἔφη [...] συμβεβηκέναι τοῖς σώμασι τρία ταῦτα· σχῆμα, μέγεθος, βάρος. Δημόκριτος μὲν γὰρ δύο· μέγεθος καὶ σχῆμα· ὁ δ' Ἐπίκουρος τούτοις καὶ τρίτον τὸ βάρος ἐπέθηκεν· ἀνάγκη γὰρ κινεῖσθαι τὰ σώματα τῇ τοῦ βάρους πληγῇ" ["Epicuro [...] disse [...] estas três coisas são próprias dos corpos: forma, tamanho e peso. Porque Demócrito [havia falado] de duas coisas: tamanho e forma. Mas Epicuro falou dessas duas e acrescentou o peso, pois seria necessário que os corpos fossem movidos pelo choque produzido pelo peso"]. Cf. Sexto Empírico, *Adversus mathematicos*, p. 420.

[3] Eusébio, *Praeparatio evangelica*, XIV, p. 749.

Diferença entre a filosofia da natureza de Demócrito e a de Epicuro

Ela é confirmada pelo testemunho de *Simplício*[4] e *Filopono*[5], segundo o qual Demócrito atribuiu aos átomos apenas a diferença de tamanho e forma. Contrapõe-se a isso diretamente *Aristóteles*, que, no livro I de *De generatione et corruptione*, atribui peso diferenciado aos átomos de Demócrito[6]. Em outra passagem (no livro I de *De coelo*), *Aristóteles* não decide se Demócrito conferiu peso aos átomos ou não, pois diz: "Assim, nenhum dos corpos será simplesmente leve, se todos tiverem peso; se, porém, tiverem leveza, nenhum terá peso"[7]. Em sua *História da filosofia antiga*, *Ritter*, apoiando-se na reputação de Aristóteles, rejeita as informações dadas por Plutarco, Eusébio e Estobeu[8] e não leva em consideração os testemunhos de Simplício e Filopono.

Queremos verificar se as passagens realmente se contradizem tanto assim. Nas citações mencionadas, Aristóteles não fala *ex professo* [manifestamente] sobre as qualidades do átomo. Em contraposição, no livro VII da *Metafísica*, consta o seguinte: "Demócrito estabelece

---

[4] Simplício, cit., p. 362: "τὴν διαφορὰν αὐτῶν (isto é, ἀτόμων) κατὰ μέγεθος καὶ σχῆμα τιθείς (isto é, Δημόκριτος)" ["sendo que ele (isto é, Demócrito) estabelece sua (isto é, dos átomos) diferenciação por tamanho e forma"].

[5] Filopono[, "Comentário a Aristóteles", em Aristóteles, *Opera*, v. 4: *Scholia in Aristotelem* (Collegit Christianus Aug. Brandis, Berolini [Berlim], 1836]): "μίαν μέντοι κοινὴν φύσιν ὑποτίθησιν (isto é, Δημόκριτος) σώματος τοῖς σχήμασι πᾶσι· τούτου δὲ μόρια εἶναι τὰς ἀτόμους μεγέθει καὶ σχήματι διαφερούσας ἀλλήλων· οὐ μόνον γὰρ ἄλλο καὶ ἄλλο σχῆμα ἔχουσιν, ἀλλ᾽ [εἰσὶν] αὐτῶν αἱ μὲν μείζους, αἱ δὲ ἐλάττους" ["mais precisamente, ele (isto é, Demócrito) baseia todas as formas em uma única substância comum do corpo; as partes desse corpo seriam os átomos que se diferenciam uns dos outros em tamanho e forma; cada um deles não só tem uma forma, mas há uns que são maiores e outros que são menores"].

[6] Aristóteles, *De generatione et corruptione*, I, 8: "καίτοι βαρύτερόν (isto é, ἄτομον) γε κατὰ τὴν ὑπεροχήν φησιν εἶναι" ["e também diz que ele (isto é, o átomo) é mais pesado na proporção do excedente [de tamanho]"].

[7] Idem, *De coelo*, I, 7: "τούτων δὲ, καθάπερ λέγομεν, ἀναγκαῖον εἶναι τὴν αὐτὴν κίνησιν. [...] Ὥστε οὔτε κοῦφον ἁπλῶς οὐδὲν ἔσται τῶν σωμάτων, εἰ πάντ᾽ ἔχει βάρος· εἰ δὲ κουφότητα, οὐδὲν βαρύ. Ἔτι, εἰ βάρος ἔχει ἢ κουφότητα, ἔσται ἢ ἔσχατόν τι τοῦ παντός, ἢ μέσον [...]" ["Como dizemos, seu movimento precisa ser o mesmo. [...] Assim, nenhum dos corpos será simplesmente leve, se todos tiverem peso; se, porém, tiverem leveza, nenhum terá peso. Além disso, se tiverem peso ou leveza, o universo terá um fim ou um centro [...]"].

[8] Ritter, *Geschichte der alten Philosophie*, parte I, p. 568, nota 2.

três diferenças dos átomos. Pois o corpo que está na base seria um só e o mesmo segundo a matéria; mas ele se diferenciaria pelo ῥυσμός, que é a forma, pela τροπή, que é a posição ou pela διαθιγή, que é a ordem"[9]. Dessa passagem, decorre de imediato que o peso não é mencionado como qualidade dos átomos democríticos. Os estilhaços da matéria separados pelo vácuo precisam ter formas específicas, e estas são acolhidas de modo bem exterior a partir da análise do espaço. Isso decorre ainda mais claramente da seguinte passagem de Aristóteles:

> Leucipo e seu colega Demócrito dizem que os elementos seriam o cheio e o vácuo. [...] Estes seriam a base do existente como matéria. Do mesmo modo que procedem os que põem uma única substância básica e geram o outro a partir de suas afecções, supondo o ralo e o denso como princípios das qualidades, aqueles também ensinam que as diferenças entre os átomos seriam as causas do outro, pois o ser que está na base se diferencia tão somente por ῥυσμός, διαθιγή e τροπή. [...] X se diferencia de Y pela forma, XY se diferencia de YX pela ordem e Z se diferencia de N pela posição.[10]

---

[9] Aristóteles, *Metafísica*, VII (VIII), 2: "Δημόκριτος μὲν οὖν τρεῖς διαφορὰς ἔοικεν οἰομένῳ εἶναι. Τὸ μὲν γὰρ ὑποκείμενον σῶμα τὴν ὕλην ἓν καὶ τὸ αὐτό, διαφέρειν δὲ ἢ ῥυσμῷ, ὅ ἐστι σχῆμα, ἢ τροπῇ, ὅ ἐστι θέσις, ἢ διαθιγῇ, ὅ ἐστι τάξις" ["Ora, Demócrito parece assumir que existem três diferenças. Pois o corpo subjacente seria um só e o mesmo quanto à matéria, mas seria diferenciado quanto à estrutura, que é a forma, ou quanto à evolução, que é a posição, ou quanto ao toque, que é a ordem"].

[10] Ibidem, I, 4: "Λεύκιππος δὲ καὶ ὁ ἑταῖρος αὐτοῦ Δημόκριτος στοιχεῖα μὲν τὸ πλῆρες καὶ τὸ κενὸν εἶναί φασι, λέγοντες οἷον τὸ μὲν ὄν, τὸ δὲ μὴ ὄν· τούτων δὲ τὸ πλῆρες καὶ τὸ στερεὸν τὸ ὄν, τὸ δὲ κενόν γε καὶ μανὸν τὸ μὴ ὄν. Διὸ καὶ οὐθὲν μᾶλλον τὸ ὂν τοῦ μὴ ὄντος εἶναί φασι, ὅτι οὐδὲ τὸ κενὸν τοῦ σώματος. Αἴτια δὲ τῶν ὄντων ταῦτα, ὡς ὕλην. Καὶ καθάπερ οἱ ἓν ποιοῦντες τὴν ὑποκειμένην οὐσίαν, τὰ ἄλλα τοῖς πάθεσιν αὐτῆς γεννῶσι, τὸ μανὸν καὶ τὸ πυκνὸν ἀρχὰς τιθέμενοι τῶν παθημάτων τὸν αὐτὸν τρόπον καὶ οὗτοι τὰς διαφορὰς αἰτίας τῶν ἄλλων εἶναί φησι. Ταύτας μέντοι τρεῖς εἶναι λέγουσι· σχῆμά τε καὶ τάξιν καὶ θέσιν, διαφέρειν γάρ φασί τε ὂν ῥυσμῷ καὶ διαθιγῇ καὶ τροπῇ μόνον· τούτων δὲ ὁ μὲν ῥυσμὸς σχῆμά ἐστιν, ἡ δὲ διαθιγὴ τάξις, ἡ δὲ τροπὴ θέσις. διαφέρει γὰρ τὸ μὲν [A] τοῦ N σχήματι, τὸ δὲ AN τοῦ NA τάξει, τὸ δὲ Z τοῦ N θέσει" ["Leucipo e seu companheiro Demócrito dizem que os elementos são o cheio e o vácuo, chamando aquele de existente e este de não existente; deles, o cheio e o firme são existentes, o vácuo e o solto, não existentes. Por isso dizem também que o existente não é mais existente do que o

Diferença entre a filosofia da natureza de Demócrito e a de Epicuro

Dessa passagem resulta de forma evidente que Demócrito analisa as qualidades dos átomos somente quanto à formação das diferenças no mundo fenomênico, não quanto ao próprio átomo. Resulta, ademais, que Demócrito não ressalta o peso como qualidade essencial dos átomos. Para ele, é uma coisa óbvia, porque todo corporal tem peso. Do mesmo modo, para ele, o tamanho tampouco é uma qualidade básica. Trata-se de uma determinação acidental dada aos átomos já com a figura. Somente a diferença das figuras – pois nada além disso está contido na forma, na posição e na ordem – interessa a Demócrito. Tamanho, forma, peso, ao serem justapostos ao modo de Epicuro, constituem diferenças próprias do átomo em si; forma, posição e ordem – diferenças que lhe cabem em relação a outro. Portanto, enquanto em Demócrito encontramos meras determinações hipotéticas visando à explicação do mundo fenomênico, apresenta-se a nós em Epicuro a consequência do próprio princípio. Analisaremos, por conseguinte, em detalhes suas determinações das qualidades do átomo.

Em primeiro lugar, os átomos têm *tamanho*[11]. Em contrapartida, o tamanho também é negado. Pois eles não têm um tamanho *qualquer*[12]; devem-se assumir apenas *algumas* variações de tamanho entre

---

não existente, já que o vácuo existe tanto quanto o corpo. Estes seriam a causa dos existentes enquanto matéria. E, assim como aqueles que assumem uma única substância básica, que outros derivam das paixões desta, pressupondo o ralo e o denso como princípios das paixões, do mesmo modo também eles [isto é, Leucipo e Demócrito] dizem que as diferenças [entre os átomos] seriam as causas dos outros [existentes]. Eles, então, dizem que há três diferenças: forma, ordem e posição, pois o existente se diferenciaria apenas por estrutura, toque e evolução. Sendo que estrutura significa forma, toque significa ordem e evolução significa posição, pois [A] se diferencia de N pela forma, AN se diferencia de NA pela ordem e Z se diferencia de N pela posição"].

[11] Diógenes Laércio, cit., X, 44: "μηδὲ ποιότητά τινα περὶ τὰς ἀτόμους εἶναι, πλὴν σχήματος καὶ μεγέθους καὶ βάρους· [...] Πᾶν τε μέγεθος μὴ εἶναι περὶ αὐτάς· οὐδέποτε γοῦν ἄτομους ὤφθη αἰσθήσει" ["os átomos não teriam qualidades além da forma, do *tamanho* e do peso; [...] nem todo *tamanho* lhes seria próprio, pois até agora os átomos ainda não foram percebidos pelo sentido da visão"].

[12] Ibidem, X, 56: "Πᾶν δὲ μέγεθος ἐνυπάρχον οὔτε χρήσιμόν ἐστι πρὸς τὰς τῶν ποιοτήτων διαφοράς, ἀφῖχθαί [τε] ἀμέλει καὶ πρὸς ἡμᾶς ὁρατὰς ἀτόμους· ὃ οὐ θεωρεῖται γινόμενον, οὔθ᾽ ὅπως ἂν γένοιτο ὁρατὴ ἀτόμους, ἐστὶν ἐπινοῆσαι" ["Assumir *todo tamanho* não contribui em nada para [explicar] as diferenças entre as qualidades, [e] certamente nos teríamos deparado com átomos visíveis; no entanto, isso não pode ser observado e é inconcebível como átomos poderiam se tornar visíveis"].

eles[13]. Deve-se atribuir a eles apenas a negação do tamanho grande, mas não do pequeno[14] nem do mínimo, pois isso seria uma determinação puramente espacial, mas também [deve-se atribuir a eles a negação] do infinitamente pequeno que expressa a contradição[15]. Nas *Adnotationes* sobre os fragmentos de Epicuro, *Rosínio* traduz mal uma passagem e ignora totalmente outra, quando diz: *"Hujusmodi autem tenuitatem atomorum incredibili parvitate arguebat Epicurus, utpote quas nulla magnitudine praeditas ajebat teste Laertio X, 44"* ["E Epicuro acusou nos átomos incrivelmente pequenos uma tenuidade tal que, de acordo com o testemunho de Laércio X, 44, chegou a dizer que não teriam tamanho nenhum"][16]. Nem quero levar em consideração que, segundo *Eusébio*, Epicuro foi o primeiro a atribuir aos átomos pequenez infinita[17], mas Demócrito teria assumido também os maiores átomos possíveis – *Estobeu* chega a dizer[18] do tamanho do mundo.

Por um lado, isso contradiz o testemunho de *Aristóteles*[19]; por outro, Eusébio, ou melhor, o bispo alexandrino *Dionísio*, de quem ele extrai

---

[13] Ibidem, X, 55: "Ἀλλὰ μηδὲ δεῖ νομίζειν, πᾶν μέγεθος ἐν ταῖς ἀτόμοις ὑπάρχειν […] παραλλαγὰς δὲ τινὰς μεγεθῶν νομιστέον εἶναι" ["Mas não se deve pensar que todo tamanho é próprio dos átomos. […] O que é preciso pensar é que existem *alguns* tamanhos"].

[14] Ibidem, X, 59: "Ἐπείπερ καὶ ὅτι μέγεθος ἔχει ἡ ἄτομος κατὰ τὴν ἐνταῦθα ἀναλογίαν κατηγορήσαμεν, μικρόν τι μόνον, μακρὸν ἐκβάλλοντες" ["De acordo com essa analogia, deduzimos também que o átomo possui tamanho, ainda que seja pequeno; um tamanho grande está excluído"].

[15] Cf. ibidem, X, 58 [provavelmente X, 59. (N. E. A.)]. Estobeu, *Eclogarum physicarum [et ethicarum]*, I, p. 27.

[16] Epicuro, *Fragmenta [librorum II et XI] de natura* [(commentario illustr. a Carolo Rosinio. Ex tomo II, volummum Herculanensium emendatius ed. suasque annotationes adscripsit J. Conradus Orellus, Lipsiae [Leipzig], 1818)], p. 26.

[17] Eusébio, *Praeparatio evangelica*, XIV (Paris), p. 773: "τοσοῦτον δὲ διεφώνησαν, ὅσον ὁ (isto é, Ἐπίκουρος) μὲν ἐλαχίστας πάσας καὶ διὰ τοῦτο ἀνεπαισθήτους, ὁ δὲ Δημόκριτος καὶ μεγίστας εἶναί τινας ἀτόμους ὑπέλαβεν" ["Neste ponto, diferiam, na medida em que ele (isto é, Epicuro) supôs que todos fossem diminutos e, por isso, imperceptíveis aos sentidos, mas Demócrito supôs que houvesse também alguns átomos muito grandes"]. [Eusébio cita Dionísio. (N. E. A.)]

[18] Estobeu, *Eclogarum physicarum et ethicarum*, I, 17: "Δημόκριτος γέ φησι […] δυνατὸν εἶναι κοσμαίαν ὑπάρχειν ἄτομον" ["Demócrito, no entanto, diz […] ser possível que exista um átomo do tamanho do mundo"]. Cf. (Plutarco,) *De placitis philosophorum*, I, p. 235 e seg.

[19] Aristóteles, *De generatione et corruptione*, I, 8: "ἀόρατα διὰ μικρότητα τῶν ὄγκων" ["invisível por causa da pequenez dos volumes"].

Diferença entre a filosofia da natureza de Demócrito e a de Epicuro

os trechos em questão, contradiz a si próprio, pois no mesmo livro consta que Demócrito teria assumido como princípios da natureza corpos indivisíveis, contempláveis pela razão[20]. Mas está claro que Demócrito não toma consciência da contradição; ela não o ocupa, ao passo que constitui o interesse principal de Epicuro.

A *segunda* qualidade dos átomos epicuristas é a *forma*[21]. Só que também essa determinação contradiz o conceito do átomo, e é preciso estabelecer seu oposto. A particularidade abstrata é o abstratamente igual a si mesmo e, por isso, sem forma. As diferenças de forma dos átomos são, por conseguinte, indetermináveis[22], mas não infinitas em termos absolutos[23]. Muito antes, trata-se de uma quantidade determinada e finita de formas pelas quais os átomos são diferenciados[24]. Disso decorre naturalmente que não existe a mesma

---

[20] Eusébio, *Praeparatio evangelica*, XIV, p. 749: "Δημόκριτος [...] ἀρχὰς τῶν ὄντων σώματα ἄτομα λόγῳ θεωρητά". ["Demócrito [...] que os princípios dos existentes são corpos indivisíveis, que podem ser vistos pela razão"]. Cf. (Plutarco,) *De placitis philosophorum*, I, p. 235 e seg. [Nessa passagem, Eusébio não cita Dionísio, mas um exemplar corrompido do escrito *De placitis philosophorum*, em que uma opinião de Epicuro foi atribuída a Demócrito. Em *De placitis philosophorum*, I, p. 235 consta: "Ἐπίκουρος [...] ἔφη τὰς ἀρχὰς τῶν ὄντων, σώματα λόγῳ θεωρητά." ["Epicuro [...] diz que os princípios dos existentes são corpos que podem ser vistos pela razão"]. (N. E. A.)]

[21] Diógenes Laércio, cit., X, 54: "Καὶ μὴν καὶ τὰς ἀτόμους, νομιστέον, μηδεμίαν ποιότητα τῶν φαινομένων προςφέρεισθαι, πλὴν *σχήματος καὶ βάρους καὶ μεγέθους, καὶ ὅσα ἐξ ἀνάγκης σχήματος συμφυῆ ἐστιν*" ["Ademais, é preciso pensar que não se pode atribuir aos átomos nenhuma das qualidades dos fenômenos, exceto *forma*, peso e tamanho e aquilo que de resto necessariamente é inerente à *forma*"]. Cf. § 44.

[22] Ibidem, X, 42: "Πρός τε τούτοις τὰ ἄτομα [...] ἀπερίληπτά ἐστι ταῖς διαφοραῖς τῶν σχημάτων" ["Além disso, os átomos [...] possuem um número inabarcável de diferenças de formas"].

[23] Idem: "ταῖς δὲ διαφοραῖς οὐχ ἁπλῶς ἄπειροι, ἀλλὰ μόνον ἀπερίληπτοι" ["mas as diferenças não são simplesmente infinitas, apenas inabarcáveis"].

[24] Lucrécio, II, 513 e seg.: "*fateare, necesse est,/ Materiem quoque finiteis differre figureis*" ["Deves concordar/ que também a matéria se diferencia em uma quantidade finita de formas"]. Eusébio, *Praeparatio evangelica*, XIV, p. 749: "Ἐπίκουρος [...] εἶναι [...] τὰ σχήματα αὐτῶν ἀτόμων περιληπτά, οὐκ ἄπειρα" ["Epicuro [diz que [...] as formas dos átomos são abarcáveis, e não infinitas"]. Cf. (Plutarco,) *De placitis philosophorum*, cit. [Nessa passagem, Eusébio cita o escrito *De placitis philosophorum*, o qual contém um erro que distorce o sentido. Em vez de περιληπτά [apreensível] lê-se ἀπερίληπτα [inapreensível], isto é, inconcebível. (N. E. A.)]

quantidade de figuras que de átomos[25], ao passo que Demócrito estabelece uma quantidade infinita de figuras[26]. Se cada átomo tivesse uma forma específica, deveria haver átomos de tamanho infinito[27], pois eles seriam infinitamente diferentes, portando a diferença dos demais como tais, como ocorre com as mônadas leibnizianas. Por conseguinte, inverte-se a afirmação de Leibniz de que não há duas coisas iguais*; e há uma quantidade infinita de átomos com a mesma forma[28], o que evidentemente leva, uma vez mais, à negação da determinação da forma, pois uma forma que não se diferencia de outras não é forma.

---

[25] Diógenes Laércio, cit., X, 42: "Καὶ καθ᾽ ἑκάστην δὲ σχημάτισιν ἁπλῶς ἄπειροί εἰσιν ἄτομοι [...]" ["E a quantidade de átomos com a mesma forma é simplesmente infinita"]. Lucrécio, *De rerum natura*, cit., 525 e seg.: "*etenim distantia quom sit/ Formarum finita: necesse est, quae similes sint,/ Esse infinitas, aut summam materiei/ Finitam constare, id quod non esse probavi*" ["dado que a quantidade/ das formas é finita, é necessário que as que são similares/ sejam infinitas, senão a totalidade da matéria/ seria finita, o que já provei que não é"].

[26] Aristóteles, *De coelo*, III, 4: "ἀλλὰ μὴν οὐδὲ, ὡς ἕτεροί τινες λέγουσι, οἷον Λεύκιππός τε καὶ Δημόκριτος ὁ Ἀβδερίτης εὔλογε τὰ συμβαίνοντα [...] καὶ πρὸς τούτοις, ἐπεὶ διαφέρει τὰ σώματα σχήμασιν, ἄπειρα δὲ τὰ σχήματα, ἄπειρα καὶ τὰ ἁπλᾶ σώματά φασιν εἶναι. Ποῖον δὲ καὶ τί ἑκάστου τὸ σχῆμα τῶν στοιχείων, οὐδὲν ἐπιδιώρισαν, ἀλλὰ μόνον τῷ πυρὶ τὴν σφαῖραν ἀπέδωκεν, ἀέρα δὲ καὶ τὰ ἄλλα [...]" ["Mas nem o que alguns outros, a exemplo de Leucipo e Demócrito de Abdera, dizem torna os acontecimentos louváveis [...] e, além disso, como os corpos se diferenciam pelas formas e estas são infinitas, eles dizem que também a quantidade dos corpos simples é infinita. Porém, de modo nenhum definiram como eles são e qual a forma de cada um dos elementos, apenas atribuíram ao fogo a forma de esfera, bem como ao ar e às outras coisas [...]"]. Filopono, cit.: "οὐ μόνον ἄλλο καὶ ἄλλο σχῆμα ἔχουσιν [...]" ["cada um deles não só tem forma diferente [...]"].

[27] Lucrécio, *De rerum natura*, cit., 479 e seg.: "*primordia rerum/ Finita variare figurarum ratione./ Quod si non ita sit, rursum jam semina quaedam/ Esse infinite debebunt corporis auctu;/ Nam quod eadem una quojusvis in brevitate/ Corporis, inter se multum variare figurae/ Non possunt [...]/ [...] Si forte voles variare figuras,/ Addendum parteis alias erit./ Ergo formarum novitatem corporis augmen/ Subsequitur; quare non est, ut credere possis,/ Esse infiniteis distantia semina formeis*" ["que as coisas primordiais/ aparecem apenas em uma quantidade finita de formas./ Se não fosse assim, deveria haver alguns átomos/ de tamanho corporal infinito,/ pois, no caso de haver uma e a mesma pequenez/ do corpo, não pode haver muita variação entre/ as formas [...]/ [...] Se por acaso quiseres variar as formas,/ terás de adicionar outras partes./ Portanto, o aumento dos corpos da novidade de formas/ advém; por isso, não podes crer/ que os átomos existem em uma quantidade ilimitada de formas"].

* Gottfried Wilhelm von Leibniz, *Opera omnia. Nunc primum collecta...* (Genebra, Ludovici Dutens, 1768), t. 2, p. 21. (N. E. A.)

[28] Cf. nota 25.

Diferença entre a filosofia da natureza de Demócrito e a de Epicuro

Sumamente importante é, por fim, que Epicuro tenha citado o *peso* como *terceira* qualidade[29]; no centro de gravidade a matéria possui a particularidade ideal que constitui uma das determinações principais do átomo. Portanto, uma vez que os átomos foram transpostos para o reino da representação, eles precisam também ter peso.

No entanto, o peso contradiz diretamente o conceito do átomo, uma vez que ele constitui a particularidade da matéria como ponto ideal que se situa fora dela mesma. O próprio átomo é essa particularidade, como se fosse o centro de gravidade, representado como existência individual. Por conseguinte, o peso existe para Epicuro apenas como *peso diferenciado*, e os próprios átomos são *centros de gravidade substanciais*, como os corpos celestes. Quando aplicamos isso ao concreto, resulta ao natural o que o velho *Brucker* acha tão maravilhoso[30], e *Lucrécio* nos assegura[31], a saber, que a Terra não tem um centro para o qual tudo ruma e que não há antípodas. Dado que, ademais, o peso só compete ao átomo diferenciado de outros e, portanto, exteriorizado e dotado de qualidades, entende-se que, quando os átomos não são pensados como muitos, diferenciados entre si, mas apenas em relação ao vácuo, a determinação do peso é excluída. Os átomos, por mais diferenciados que sejam em termos de massa e forma, movem-se, por conseguinte, com a mesma velocidade no espaço vazio[32]. É por isso que Epicuro emprega o peso somente

---

[29] Diógenes Laércio, cit., X, 44 e 54.

[30] [Jakob] Brucker, *Institutiones historiae philosophicae*[, (Lipsiae [Leipzig], 1747], p. 224[: "*Terram medium mundi partem esse, et non habere centrum, versus quod pondera dirigantur, ideoque non dari antipodas.* [A Terra seria o meio do mundo, mas ela não teria um centro para o qual se dirigem os corpos pesados e, por isso, tampouco haveria antípodas]].

[31] Lucrécio, *De rerum natura*, I, 1.051 [e seg.]: "*Illud in his rebus longe fuge credere, Memmi,/ In medium summae, quod dicunt, omnia niti*" ["Nessa questão, evita a todo custo, Mêmio, crer que tudo ruma, como se diz, para um centro do universo"].

[32] Diógenes Laércio, cit., X, 43 e 61: "καὶ ἰσοταχῶς αὐτὰς κινεῖσθαι, τοῦ κενοῦ τὴν εἶξιν ὁμοίαν παρεχομένου καὶ τῇ κουφοτάτῃ καὶ τῇ βαρυτάτῃ εἰς τὸν αἰῶνα. Καὶ μὴν καὶ ἰσοταχεῖς ἀναγκαῖον τὰς ἀτόμους εἶναι, ὅταν διὰ τοῦ κενοῦ εἰσφέρωνται, μηδενὸς ἀντικόπτοντος. Οὔτε γὰρ τὰ βαρέα θᾶττον οἰσθήσεται τῶν μικρῶν καὶ κούφων, ὅταν γε δὴ μηδὲν ἀπαντᾷ αὐτοῖς· οὔτε τὰ μικρὰ τῶν μεγάλων, πάντα πόρον σύμμετρον ἔχοντα, ὅταν μηθὲν μηδὲ ἐκείνοις ἀντικόπτῃ" ["e se movem com a mesma velocidade, dado que o vácuo proporciona tanto ao leve quanto ao pesado o

na repulsão e nas composições que se originam da repulsão, o que deu ensejo à afirmação de que só os conglomerados de átomos, não eles próprios, seriam dotados de peso[33].

Gassendi chega a elogiar Epicuro por ter antecipado, unicamente com o uso da razão, a experiência de que todos os corpos, embora possuindo peso e carga distintos, são igualmente rápidos quando caem de cima para baixo[34].

A análise das qualidades dos átomos nos fornece, portanto, o mesmo resultado que a análise da declinação – a saber, que Epicuro objetiva a contradição, presente no conceito do átomo, entre essência e existência e, assim, inaugura a ciência da atomística, ao passo que em Demócrito não ocorre nenhuma realização do princípio em si, apenas é registrado o lado material e são apresentadas hipóteses em função da empiria.

---

mesmo curso para sempre. [...] Além disso, os átomos necessariamente têm a mesma velocidade quando se movem pelo vácuo sem encontrar resistência. Pois nem os pesados se deslocarão mais rápido do que os pequenos e leves, quando nada atravessa seu caminho, nem os pequenos mais rápido que os grandes, pois todos têm o mesmo caminho livre para si, quando nada lhes oferece resistência"]. Lucrécio, *De rerum natura*, II, 235 e seg.: "*At contra nulli [...]/ [...] inane potest vacuum subsistere rei,/ Quin, [sua quod natura petit, concedere pergat./ Omnia] quapropter debent per inane quietum/ Aeque, ponderibus non aequeis concita ferri*" ["A nada [...]/ [...] pode o vácuo inane resistir,/ sem que [ele, conforme pede sua natureza, continue cedendo. Tudo] deve, por isso mesmo, pelo vácuo silencioso/ mover-se com igual velocidade, não sendo iguais os pesos"].

[33] Cf. cap. 3.

[34] [Ludwig] Feuerbach, *Geschichte der neuern Philosophie [von Bacon von Verulam bis Benedict Spinoza]* (Ansbach, 1833). Gassendi, cit., XXXIII, 7: "*Epicurus, tametsi forte de hac experientia nunquam cogitarit, ratione ductus, illud censuit de atomis, quod experientia nos nuper docuit, scilicet ut corpora omnia, tametsi sint [tam] pondere quam mole summe inaequalia, aequivelocia tamen sint, quum superne deorsum cadunt, sic ille censuit, atomos omnes, licet sint magnitudine gravitateque inaequales, esse nihilominus inter se ipsas suo motu aequiveloces*" ["Mesmo que Epicuro talvez nunca tenha refletido sobre essa experiência, supôs, guiado pela razão, aquilo que recentemente a experiência nos ensinou – a saber, que todos os corpos, a despeito de serem extremamente desiguais em termos de peso e massa, caem de cima para baixo com a mesma velocidade; assim, ele opinou que todos os átomos, mesmo desiguais em tamanho e peso, não obstante se movem entre si à mesma velocidade"].

CAPÍTULO III
Ἄτομοι ἀρχαί e ἄτομα στοιχεῖα

Em seu tratado já citado, *Schaubach* afirma o seguinte sobre os conceitos astronômicos de Epicuro:

> A exemplo de *Aristóteles*, *Epicuro* diferenciou entre *princípios* (ἄτομοι ἀρχαί, Diógenes Laércio, cit., X, 41) e *elementos* (ἄτομα στοιχεῖα, Diógenes Laércio, cit., X, 86). Aqueles são os átomos cognoscíveis pela razão, que não ocupam espaço[1]. Eles se chamam *átomos* não por serem os menores corpos, mas por não poderem ser partidos no espaço. De acordo com essas concepções, seria de se pensar que Epicuro não teria aposto aos átomos qualidades referentes ao espaço[2]. Porém, na carta a Heródoto (Diógenes Laércio, cit., X, 44 e 54), ele confere aos átomos não só peso, mas também tamanho e forma. [...] Por conseguinte, incluo esses átomos no segundo gênero, dos que se originaram dos primeiros, os quais, todavia, continuam a ser encarados como partículas elementares dos corpos.[3]

Examinemos mais acuradamente essa passagem de Diógenes Laércio citada por *Schaubach*. Seu teor é este: "Οἷον ὅτι τὸ πᾶν σῶμα καὶ ἀναφὴς φύσις ἐστίν· ἢ ὅτι ἄτομα στοιχεῖα καὶ πάντα τὰ τοιαῦτα"

---

[1] "Ἀμέτοχα κενοῦ de modo nenhum quer dizer *"não ocupam espaço"*, mas *"não têm parte no vácuo"*; a mesma coisa é dita em outra passagem de *Diógenes Laércio*: "διάλειψιν δὲ μερῶν οὐκ ἔχουσιν" ["eles não têm uma interrupção das partes"]. Essa expressão deve ser interpretada do mesmo modo. Cf. (Plutarco,) *De placitis philosophorum*, I, p. 236, e Simplício, p. 405.

[2] Isso também é uma conclusão falsa. O que não pode ser dividido no espaço nem por isso se encontra fora do espaço e sem relação com ele.

[3] Schaubach, cit., p. [549-]550.

Karl Marx

["Por exemplo, que o todo é corpo e natureza intangível ou que há elementos indivisíveis e coisas desse tipo"][4]. Epicuro esclarece aqui a Pítocles, a quem ele escreve, que a teoria dos meteoros se diferencia de todas as outras doutrinas físicas – por exemplo, a de que o todo seria corpo e vácuo, a de que haveria elementos indivisíveis. Pelo visto, aqui não há nenhuma razão para supor que se esteja falando de um gênero secundário de átomos. Pode até parecer que a disjunção entre "τὸ πᾶν σῶμα καὶ ἀναφὴς φύσις [o todo é corpo e natureza intangível]" e "ὅτι τὰ ἄτομα στοιχεῖα [que há elementos indivisíveis]" introduz uma diferenciação entre σῶμα [corpo] e ἄτομα στοιχεῖα [elementos indivisíveis], na qual, então, σῶμα significaria os átomos do primeiro gênero em contraposição aos ἄτομα στοιχεῖα. Só que isso é inconcebível. Σῶμα significa o *corporal* em contraposição ao *vácuo*, que, por isso mesmo, também se chama ἀσώματον [não corpóreo][5]. Por conseguinte, em σῶμα estão contidos tanto os átomos quanto os corpos compostos. Assim, por exemplo, na carta a Heródoto se diz o seguinte:

> Τὸ πᾶν ἐστι *σῶμα* [...] εἰ μὴ ἦν, ὃ *κενὸν* καὶ χώραν καὶ ἀναφῆ φύσιν ὀνομάζομεν. [...] Τῶν σωμάτων τὰ μέν ἐστι *συγκρίσεις*, τὰ δ' ἐξ ὧν αἱ συγκρίσεις πεποίηνται. Ταῦτα δέ ἐστιν *ἄτομα* καὶ *ἀμετάβλητα*. [...] Ὥστε τάς ἀρχάς ἀτόμους ἀναγκαῖον εἶναι σωμάτων φύσεις.
> [O todo é *corpo* [...] se não existir o que chamamos de *vácuo*, espaço e natureza intangível. [...] Entre os corpos, alguns são *compostos*, os outros, aqueles de que são feitos os compostos. *Eles*, porém, são *indivisíveis* e imutáveis. [...] Assim, os princípios precisam ser substâncias corpóreas indivisíveis.][6]

Na passagem mencionada, Epicuro fala, portanto, primeiro do *corpóreo* em geral em distinção ao *vácuo* e só depois do corpóreo específico, dos átomos.

---

4   Diógenes Laércio, cit., X, 86.
5   Ibidem, X, 67: "Καθ' ἑαυτὸ δὲ οὐκ ἔστι νοῆσαι τὸ ἀσώματον, πλὴν ἐπὶ τοῦ κενοῦ" ["Não é possível conceber o *não corpóreo* só para si, abstraído do *vácuo*"].
6   Ibidem, X, 39, 40 e 41.

Diferença entre a filosofia da natureza de Demócrito e a de Epicuro

O fato de *Schaubach* reportar-se a Aristóteles tampouco prova algo. A diferença entre ἀρχή [princípio] e στοιχεῖον [elemento], urgida sobretudo pelos estoicos[7], encontra-se também em Aristóteles[8]; só que ele tampouco deixa de apontar a identidade das duas expressões[9]. Ele até ensina que στοιχεῖον designa preferencialmente o átomo[10]. Na mesma linha, também Demócrito e Leucipo chamam o πλῆρες καὶ κενόν [cheio e vazio] de στοιχεῖον[11].

Em Lucrécio, nas cartas de Epicuro que constam em Diógenes Laércio, no *Adversus Colotem* de Plutarco[12] e em Sexto Empírico[13], as qualidades são conferidas aos próprios átomos, que justamente por isso foram determinados como suprimindo a si mesmos.

Porém, se já é tido como antinomia dizer que corpos perceptíveis exclusivamente pela razão são dotados de qualidades espaciais, então se trata de uma antinomia muito maior dizer que as próprias qualidades espaciais podem ser percebidas apenas pela razão[14].

---

[7] Ibidem, VII, 134: "Διαφέρει δέ φασιν (isto é, Στοϊκοί) ἀρχὰς καὶ στοιχεῖα τὰς μὲν γὰρ εἶναι ἀγεννήτους καὶ ἀφθάρτους, τὰ δὲ στοιχεῖα κατὰ τὴν ἐκπύρωσιν φθείρεσθαι" ["Porém, eles (isto é, os estoicos) dizem que os princípios e os elementos se diferenciam, sendo aqueles inatos e imperecíveis, e estes, pelo contrário, destruídos pela combustão"].

[8] Aristóteles, *Metafísica*, IV, 1 e 3.

[9] Cf. idem.

[10] Aristóteles, cit., IV, 3: "Ὁμοίως δὲ καὶ τὰ τῶν σωμάτων στοιχεῖα λέγουσι οἱ λέγοντος, εἰς ἃ διαιρεῖται τὰ σώματα ἔσχατα, ἐκεῖνα δὲ μηκέτ᾽ εἰς ἄλλα εἴδει διαφέροντα σώματα [...]. Διὸ καὶ τὸ μικρὸν καὶ ἀπλοῦν καὶ ἀδιαίρετον στοιχεῖον λέγεται" ["Do mesmo modo falam também de elementos dos corpos aqueles que falam daquilo que é a última coisa em que se subdividem os corpos, aquilo que não pode mais ser dividido em outro formato de corpos diferenciados [...]. É por isso que o pequeno, o simples e o indivisível também são chamados de elementos"].

[11] Idem, *Metafísica*, I, 4.

[12] Diógenes Laércio, cit., X, 54. Plutarco, *Adversus Colotem*, p. 1.110: "Ταῦτα τῶν Ἐπικούρου δογμάτων οὕτως ἀχώριστά ἐστιν, ὡς τὸ σχῆμα καὶ τὸ βάρος αὐτοὶ (isto é, Ἐπικούρειοι), τῆς ἀτόμου λέγουσιν" ["Essas coisas são tão inseparáveis das doutrinas de Epicuro quanto eles próprios (isto é, os epicuristas) dizem que a forma e o peso são do átomo"].

[13] Sexto Empírico, *Adversus mathematicos*, p. 420.

[14] Eusébio, *Praeparatio evangelica*, XIV, p. 773: "'Ἐπίκουρος [...] ἀνεπαισθήτους (ἀτόμους)" ["Epicuro [supôs a existência de] (átomos) não perceptíveis pelos sentidos"]; p. 749: "ἴδια δὲ ἔχειν (isto é, ἀτόμους) σχήματα λόγῳ θεωρητά" ["Eles (isto é, os átomos) teriam formas próprias perceptíveis com a razão"]. [A primeira citação é de Dionísio; a segunda, de *De placitis philosophorum*. (N. E. A.)]

Karl Marx

Por fim, visando a fundamentar ainda mais sua concepção, *Schaubach* cita a seguinte passagem de Estobeu: "'Επίκουρος [...] τὰ πρῶτα (isto é, σώματα) δὲ ἁπλᾶ, τὰ δὲ ἐξ ἐκείνων συγκρίματα πάντα βάρος ἔχειν" ["Epicuro diz [...] os primários (isto é, corpos) são simples, ao passo que todos os compostos formados a partir deles têm peso"]. A essa passagem de Estobeu poderiam ser acrescentadas ainda as seguintes, em que são mencionados os ἄτομα στοιχεῖα [elementos indivisíveis] como tipo específico de átomos: (Plutarco,) *De placitis philosophorum* I, 246 e 249 e Estobeu, *Eclogas physicas* I, p. 5[15]. Aliás, em nenhuma dessas passagens se afirma que os átomos originais seriam destituídos de tamanho, forma e peso. Fala-se, muito antes, apenas do peso como característica que diferencia ἄτομοι ἀρχαί [princípios indivisíveis] de ἄτομα στοιχεῖα [elementos indivisíveis]. Porém, já observamos no capítulo anterior que ela é empregada apenas no caso da repulsão e dos conglomerados dela originados.

Com a invenção dos ἄτομα στοιχεῖα [elementos indivisíveis] também não se ganha nada. É tão difícil passar de ἄτομοι ἀρχαί [princípios indivisíveis] para ἄτομα στοιχεῖα [elementos indivisíveis] quanto conferir-lhes qualidades diretamente. Não obstante, não nego aquela diferenciação de modo cabal. Nego apenas duas espécies fixas diferentes de átomos. Trata-se, muito antes, de determinações diferenciadas de um só e mesmo gênero.

---

[15] [Plutarco,] *De placitis philosophorum*, I, p. 246: "Ὁ δ' αὐτὸς (isto é, Ἐπίκουρος) ἄλλας τέσσαρας φύσεις κατὰ γένος ἀφθάρτους τάσδε· τὰ ἄτομα, τὸ κενὸν, τὸ ἄπειρον, τὰς ὁμοιότητας, αὗται δὲ ὁμοιομέρειαι καὶ στοιχεῖα" ["Ele próprio (isto é, Epicuro) assume outras quatro substâncias do tipo imperecível: os átomos, o vácuo, o infinito e os corpos assemelhados, sendo estes ditos homopartículas e elementos"]; p. 249: "'Επίκουρος δὲ ἀπερίληπτα εἶναι τὰ σώματα, καὶ τὰ πρῶτα δὲ ἁπλᾶ, τὰ δ' ἐξ ἐκείνων συγκρίματα πάντα βάρος ἔχειν" ["Epicuro, porém, diz que os corpos são inabarcáveis e que os primeiros seriam simples e todas as mesclas originadas deles teriam peso"]. Estobeu, *Eclogarum physicarum et ethicarum*, I, p. 52: "Μητρόδωρος ὁ καθηγητὴς Ἐπικούρου [...] αἴτια δ' ἤτοι αἱ ἄτομοι καὶ τὰ στοιχεῖα" ["Metrodoro, o mestre de Epicuro [...] supôs que as causas seriam os átomos e os elementos"]; p. 5: "'Επίκουρος [...] τέσσαρας φύσεις κατὰ γένος ἀφθάρτους τάσδε· τὰ ἄτομα, τὸ κενὸν, τὸ ἄπειρον, τὰς ὁμοιότητας· αὗται δὲ ὁμοιομέρειαι λέγονται καὶ στοιχεῖα" ["Epicuro [...] assume quatro substâncias do tipo imperecível: os átomos, o vácuo, o infinito e os corpos assemelhados, sendo estes ditos homopartículas e elementos"].

Diferença entre a filosofia da natureza de Demócrito e a de Epicuro

Antes de explicitar essa diferença, ainda chamo a atenção para uma peculiaridade de Epicuro: ele tende a pôr as diferentes determinações de um conceito como existências autônomas diferenciadas. Como seu princípio é o átomo, também o modo de seu conhecimento é atomista. Cada momento do desenvolvimento de imediato se transforma sub-repticiamente em uma realidade fixa, separada do contexto como se fosse pelo espaço vazio; toda determinação assume a forma de uma particularidade isolada.

Essa peculiaridade fica evidente no seguinte exemplo.

O infinito, τὸ ἄπειρον [*tó ápeiron*] ou a *infinitio* [infinitude], como traduz Cícero, é por vezes usado por Epicuro como natureza específica; e exatamente nas mesmas passagens em que encontramos στοιχεῖα [elementos] determinados como substância fixa e basilar encontramos também ἄπειρον autonomizado[16].

Ora, segundo as determinações do próprio Epicuro, o infinito não é uma substância específica nem algo além dos átomos e do vácuo, mas, muito antes, uma determinação acidental deste. Encontramos três significados do ἄπειρον.

Em primeiro lugar, o ἄπειρον [*ápeiron*] expressa, para Epicuro, uma qualidade comum aos átomos e ao vácuo. Ele significa a infinitude do universo, que é infinito em virtude da pluralidade infinita dos átomos e em virtude do tamanho infinito do vácuo[17].

Em segundo lugar, ἀπειρία [*apeiría*, infinitude] indica a pluralidade dos átomos, de tal modo que não é o átomo que se contrapõe ao vácuo, mas a quantidade infinita de átomos[18].

---

[16] Cf. idem. Cícero, *De finibus*, I, 6: "*Quae sequitur* [...] *atomi inane* [...] *infinitio ipsa, quam ἀπειρίαν vocant*" ["Ao que ele [isto é, Epicuro] segue [...]: os átomos, o vácuo [...], a própria infinitude, que eles (isto é, os epicuristas) chamam de *apeiría*"].

[17] Diógenes Laércio, cit., X, 41: "Ἀλλὰ μὴν καὶ τὸ πᾶν ἄπειρόν ἐστι [...] καὶ μὴν καὶ τῷ πλήθει τῶν σωμάτων ἄπειρόν ἐστι τὸ πᾶν, καὶ τῷ μεγέθει τοῦ κενοῦ" ["Ademais, o universo é infinito [...] e o universo é infinito também quanto à pluralidade dos corpos e ao tamanho do vácuo"].

[18] Plutarco, *Adversus Colotem*, p. 1.114: "Ὅρα μὲν οἵας [ὑποτίθεσθε] πρὸς γένεσιν ἀρχάς, ἀπειρίαν καὶ κενόν· ὧν τὸ μὲν ἄπρακτον, ἀπαθές, ἀσώματον· ἡ δὲ ἄτακτος, ἄλογος, ἀπερίληπτος, αὑτὴν ἀναλύουσα καὶ ταράττουσα, τῷ μὴ κρατεῖσθαι, μηδὲ ὁρίζεσθαι

Por último, se pudermos deduzir Epicuro de Demócrito, ἄπειρον significa exatamente o oposto, o vácuo ilimitado, ao qual é contraposto o átomo determinado em si mesmo e limitado por si mesmo[19].

Em todos esses significados – e eles são os únicos e até os únicos possíveis da atomística –, o infinito é simples determinação dos átomos e do vácuo. Não obstante, ele é autonomizado como existência específica e até postado como natureza específica ao lado dos princípios, cuja determinidade ele expressa.

Pode até ser que o próprio Epicuro tenha fixado a determinação pela qual o átomo se torna στοιχεῖον [elemento] como tipo autônomo e original de átomo – o que, aliás, não é o caso, a julgar pela prevalência histórica de uma fonte sobre a outra – ou talvez Metrodoro*, aluno de Epicuro, tenha sido quem primeiro transformou a determinação diferenciada em existência diferenciada – o que nos parece ser mais provável[20]; de qualquer modo, temos de atribuir ao modo subjetivo da consciência atomista a autonomização dos fatores individuais. Conferir a forma de uma existência diferente a determinações diferentes é sinal de que não se entendeu sua diferença.

Para Demócrito, o átomo tem apenas o significado de um στοιχεῖον [elemento], de um substrato material. A diferenciação do átomo como ἀρχή e στοιχεῖον, como princípio e substrato, é de autoria de Epicuro. Sua importância ficará evidente a partir do que segue.

διὰ πλῆθος" ["Mas vede que princípios [supondes] para o devir: infinitude e vácuo; destes, o vácuo é inativo, insensível, não corpóreo; a infinitude é desordenada, irracional e inabarcável, autodestrutiva e perturbadora, por não poder ser controlada nem limitada devido à quantidade"].

[19] Simplício, cit., p. 488.

* Não se trata aqui de Metrodoro de Lâmpsaco, o aluno de Epicuro, mas de Metrodoro de Quios, aluno de Demócrito, que a tradição antiga também chama equivocadamente de mestre de Epicuro. (N. E. A.)

[20] [Plutarco,] *De placitis philosophorum*, p. 239: "Μετρόδωρος δέ φησιν [...] ὅτι δὲ ἄπειρος κατὰ τὸ πλῆθος, δῆλον ἐκ τῶν ἄπειρα τὰ αἴτια εἶναι [...] αἴτια δὲ, ἤτοι αἱ ἄτομοι ἢ τὰ στοιχεῖα" ["Metrodoro, porém, diz [...] que o infinito quanto à quantidade é evidente por causa da infinitude das causas [...], porém as causas seriam os átomos e os elementos"]. Estobeu, *Eclogarum physicarum et ethicarum*, I, p. 52: "Μετρόδωρος ὁ καθηγητὴς Ἐπικούρου [...] αἴτια δ᾽ ἤτοι αἱ ἄτομοι καὶ τὰ στοιχεῖα" ["Metrodoro, o mestre de Epicuro [...] supôs que as causas seriam os átomos e os elementos"].

Diferença entre a filosofia da natureza de Demócrito e a de Epicuro

A contradição entre existência e essência, entre matéria e forma, que reside no conceito do átomo, está posta no próprio átomo individual, quando este é dotado de qualidades. Por meio da qualidade, o átomo é estranhado de seu conceito; ao mesmo tempo, sua construção é completada. Da repulsão e das aglomerações de átomos qualificados associadas a ela surge, então, o mundo fenomênico.

Nessa transição do mundo da essência para o mundo da manifestação, a contradição presente no conceito do átomo evidentemente alcança sua mais gritante realização. O átomo, conforme seu conceito, é a forma essencial, absoluta da natureza. *Essa forma absoluta é, então, degradada à condição de matéria absoluta, de substrato amorfo do mundo fenomênico.*

Os átomos de fato são substância da natureza[21] da qual tudo é suscitado, na qual tudo se dissolve[22], mas a aniquilação constante do

---

[21] Lucrécio, *De rerum natura*, I, 820 e seg.: "*Namque eadem coelum, mare, terras, flumina, solem/ Constituunt, eadem fruges, arbusta, animanteis*" ["Pois uma coisa só constitui céu, mar, terras, rios, solo/ Uma coisa só as frutas, as árvores e os animais"]. Diógenes Laércio, cit., X, 39-41: "Καὶ μὴν καὶ τὸ πᾶν ἀεὶ τοιοῦτον ἦν, οἷον νῦν ἐστι, καὶ ἀεὶ τοιοῦτοι ἔσται. Οὐδὲν γάρ ἐστιν, εἰς ὃ μεταβάλλει. Παρὰ γὰρ τὸ πᾶν οὐθέν ἐστι, εἰς ὃ ἂν εἰσελθὸν αὐτὸ τὴν μεταβολὴν ποιήσαιτο. [...] Τὸ πᾶν ἐστι σῶμα [...]. Ταῦτα δέ ἐστιν ἄτομα καὶ ἀμετάβλητα, εἴπερ μὴ μέλλει πάντα εἰς τὸ μὴ ὂν φθαρήσεσθαι· ἀλλ' ἰσχύοντα ὑπομένειν ἐν τοῖς διαλύσεσι τῶν συγκρίσεων, πλήρη τὴν φύσιν ὄντα καὶ οὐκ ἔχοντα, ὅπη ἢ ὅπως διαλυθήσεται" ["Ademais, o universo sempre foi como é agora e sempre será assim. Pois não há nada em que possa se transformar. Pois além do universo não há nada em que este possa penetrar e assim operar a transformação. [...] O universo é corpo [...]. Estes [isto é, os corpos originais], porém, são indivisíveis e imutáveis, na medida em que nem tudo desaparecerá no não existente, mas há o que, na dissolução das composições, permanecerá consistente por sua natureza e não terá em que nem como se dissolver"].

[22] Diógenes Laércio, cit., X, 73-4: "καὶ πάλιν διαλύεσθαι πάντα, τὰ μὲν θᾶττον, τὰ δὲ βραδύτερον· καὶ τὰ μὲν ὑπὸ τοιῶνδε, τὰ δὲ ὑπὸ τοιῶνδε τοῦτο πάσχοντα. Δῆλον οὖν, ὡς καὶ φθαρτούς φησι τοὺς κόσμους μεταβαλλόντων τῶν μερῶν" ["E tudo voltará a se dissolver, em parte rapidamente, em parte mais lentamente, sofrendo essa sorte em parte por um motivo, em parte por outro. Ora, é manifesto que ele (isto é, Epicuro) diz que também os mundos são perecíveis, visto que modificam suas partes"]. Lucrécio, V, 109 e seg.: "*Et ratio potius, quam res persuadeat ipsa,/ Succidere horrisono posse omnia victa fragore*" ["E que a reflexão, mais do que o acontecimento em si, possa persuadir-nos/ de que o universo vencido poderá desabar com fragor terrível"]. Ibidem, V, 374 [e seg.]: "*Haud igitur leti praeclusa est janua coelo,/ Nec soli terraeque neque alteis aequoris undeis;/ Sed patet immani, et vasto respectat hiatu*" ["Assim, o portal da morte não está trancado para o céu/ nem para o Sol e a Terra, tampouco para as fundas ondas do mar;/ ele está aberto e os espera com a vasta garganta escancarada"].

mundo fenomênico não chega a resultado nenhum. Tomam forma novos fenômenos, mas o átomo permanece sempre como substrato na base[23]. Portanto, na medida em que o átomo é pensado segundo seu conceito puro, o espaço vazio, a natureza aniquilada, é sua existência; na medida em que prossegue para a realidade, desce à condição de base material, que, sendo portadora de um mundo de múltiplas relações, jamais existirá a não ser em suas formas indiferentes e exteriores. Essa é uma consequência necessária, porque o átomo, pressuposto como algo abstratamente individual e pronto, não é capaz de operar como poder idealizador e abrangente daquela multiplicidade.

A particularidade abstrata é a liberdade da existência, não a liberdade na existência. Ela não é capaz de brilhar à luz da existência. Esta é um elemento em que ela perde seu caráter e se torna material. Por conseguinte, o átomo não sai à luz do dia do fenômeno[24] nem desce à condição de base material, onde se integra a ela. O átomo como tal só existe no vácuo. Assim, a morte da natureza se tornou sua substância imortal; com razão, Lucrécio exclama: *"Mortalem vitam mors immortalis ademit"* ["A morte imortal arrebatou a vida mortal"]*.

Porém, Epicuro formula e objetiva a contradição nesse afunilamento máximo e, portanto, estabelece uma diferença entre o átomo, no momento em que se converte em base do fenômeno, ou seja, como στοιχεῖον [elemento], e o átomo como existente no vácuo, como ἀρχή [princípio]; é isso o que o diferencia filosoficamente de Demócrito, que objetiva apenas um dos aspectos. Trata-se da mesma diferença que separa Epicuro de Demócrito no mundo da essência, no reino dos átomos e do vácuo. Porém, só o átomo qualificado é o átomo completo, só do átomo completo e estranhado de seu conceito pode surgir o mundo fenomênico; sendo assim, Epicuro expressa isso dizendo que só o átomo qualificado se torna στοιχεῖον ou só o ἄτομον στοιχεῖον [elemento indivisível] é dotado de qualidades.

---

[23] Simplício, cit., p. 425.
[24] Lucrécio, II, 796: "[...] *neque in lucem existunt primordia rerum*" ["[...] e os átomos não vêm à luz"].
* Idem, *De rerum natura*, III, 882. (N. E. A.)

CAPÍTULO IV

O tempo

Dado que, no átomo, a matéria enquanto pura relação consigo mesma está isenta de toda mutabilidade e relatividade, disso resulta de imediato que o tempo deve ser excluído do conceito do átomo, do mundo da essência. Pois a matéria só é eterna e autônoma na medida em que se abstrai do aspecto temporal nela. Quanto a isso, Demócrito e Epicuro estão de acordo. Mas eles diferem quanto a como o tempo, que foi afastado do mundo dos átomos, passa a determinar para onde ele é transferido.

Para Demócrito, o tempo não tem relevância, não é necessário para o sistema. Ele o explica a fim de suprimi-lo. Ele é determinado como eterno para, como dizem *Aristóteles*[1] e Simplício[2], originar-se e fenecer e, portanto, para que o temporal seja afastado dos átomos. O próprio tempo ofereceria a prova de que nem tudo precisa ter uma origem, um momento de início.

Nesse ponto, deve-se reconhecer algo mais profundo. O entendimento imaginador, que não compreende a autonomia da substância, pergunta por seu devir temporal. Ao fazer isso, escapa-lhe que, ao transformar a substância em algo temporal, ele ao mesmo tempo

---

[1] Aristóteles, *Física*, VIII, 1: "Καὶ διὰ τοῦτο Δημόκριτός τε ὡς ἀδύνατον πάντα γεγονέναι· τὸν γὰρ χρόνον ἀγέννητον εἶναι" ["E, desse modo, Demócrito [mostra que] nem tudo pode ter surgido, pois o tempo é não nascido"].

[2] Simplício, cit., p. 426: "Ὁ μέντοι Δημόκριτος οὕτως ἀΐδιον ἐπέπειστο εἶναι τὸν χρόνον, ὅτι βουλόμενος δεῖξαι, μὴ πάντα γεννητὰ, ὡς ἐναργεῖ τῷ τὸν χρόνον μὴ γεγονέναι προςεχρήσατο" ["Em contraposição, Demócrito está tão persuadido de que o tempo é eterno que, quando quis provar que nem tudo tinha nascido, recorreu à sentença 'o tempo não surgiu' como algo provado"].

transforma o tempo em algo substancial e, desse modo, suprime seu conceito, pois o tempo tornado absoluto não é mais temporal.

Só que, em contrapartida, essa solução é insatisfatória. O tempo, excluído do mundo da essência, é transferido para a autoconsciência do sujeito que filosofa, mas não toca o mundo em si.

Epicuro pensa de outro modo. Para ele, o tempo, excluído do mundo da essência, *torna-se a forma absoluta da manifestação*. Pois ele é determinado como *accidens* [acidente] do *accidens*. O *accidens* é a mudança da substância em geral. O *accidens* do *accidens* é a mudança enquanto mudança refletida em si mesma, a variação como variação. Essa forma pura do mundo fenomênico passa a ser o tempo[3].

A composição é a forma meramente passiva da natureza concreta, o tempo é sua forma *actuose* [ativa]. Se considero a composição quanto a sua existência, o átomo existe por trás dela, no vácuo, na imaginação; se considero o átomo quanto a seu conceito, a composição nem existe ou ela existe só na representação subjetiva; afinal, ela é uma relação, na qual os átomos autônomos, encerrados em si, como se fossem desinteressados uns dos outros, igualmente não estão relacionados entre si. O tempo, em contraposição, a variação do finito, na medida em que é posto como variação, constitui a forma real que separa a manifestação da essência, que tanto a põe como manifestação quanto a reconduz à essência. A composição expressa somente a materialidade tanto dos átomos quanto da natureza que deles surge. O tempo, em contraposição, é, no mundo da manifestação, o que o conceito

---

[3] Lucrécio, I, 460 e seg.: "*Tempus [...] per se non est, [...]./ Nec per se quenquam tempus sentire, fatendum est,/ Semotum a rerum motu placidaque quiete*" ["Um tempo [...] em si não existe, [...]/ Deve-se admitir que não há como perceber o tempo em si,/ Separado do movimento e do repouso plácido das coisas"]. Ibidem, I, 480 e seg.: "*Non ita, utei corpus per se constare neque esse/ Nec ratione cluere eadem, qua constat inane,/ Sed magis ut merito possis eventa vocare/ Corporis atque loci*" ["Eles [isto é, os acontecimentos] não consistem nem existem em si mesmos, como um corpo,/ Nem do mesmo modo como o vácuo,/ Mas antes de tal modo que com razão se pode chamá-los de acidentes/ de corpos e espaço"]. Em Sexto Empírico, *Adversus mathematicos*, p. 420, Epicuro denomina o tempo de σύμπτωμα συμπτωμάτων [acidente dos acidentes]. Estobeu, *Eclogarum physicarum et ethicarum*, I, 11: Ἐπίκουρος (chama o tempo de) σύμπτωμα, τοῦτο δ' ἐστὶ παρακολούθημα κινήσεων [acidente, isto é, efeitos colaterais dos movimentos].

do átomo é no mundo da essência – a saber, abstração, aniquilação e recondução de toda existência determinada ao ser-para-si.

Dessas análises tiram-se as seguintes consequências. *Em primeiro lugar*, Epicuro converte a contradição entre matéria e forma em caráter da natureza fenomênica, que, desse modo, se torna o antítipo da natureza essencial, do átomo. Isso acontece da seguinte maneira: o tempo é contraposto ao espaço, a forma passiva da manifestação é contraposta à forma ativa. *Em segundo lugar*, Epicuro é o primeiro a conceber a manifestação como manifestação, isto é, como estranhamento da essência, sendo que ela própria se torna atuante em sua realidade como tal estranhamento. Em Demócrito, em contraposição, para quem a composição é a única forma da natureza fenomênica, a manifestação não mostra em si mesma que é manifestação, algo diferente da essência. Portanto, por sua existência, a essência é totalmente confundida com ela; por seu conceito, totalmente separada dela, de modo que desce ao nível de aparência subjetiva. A composição se comporta de maneira indiferente e material para com seus fundamentos essenciais. O tempo, em contraposição, é o fogo da essência que consome eternamente a manifestação e lhe imprime o selo da dependência e da inessencialidade. *Por último*, de acordo com Epicuro, o tempo é a variação como variação, a reflexão da manifestação em si mesma; por isso, a natureza fenomênica é posta, com acerto, como objetiva, a percepção sensível é convertida, com acerto, em critério real da natureza concreta, embora o átomo, seu fundamento, seja visualizado apenas por meio da razão.

Por ser o tempo a forma abstrata da percepção sensível, faz-se necessário, de acordo com o modo atomista da consciência epicurista, que ele seja fixado como natureza especificamente existente na natureza. A mutabilidade do mundo sensível agora como mutabilidade, sua variação como variação, essa reflexão da manifestação em si mesma, formada pelo conceito do tempo, tem sua existência isolada na sensualidade consciente. A *sensualidade do ser humano é, portanto, o tempo encarnado, a reflexão existente do mundo dos sentidos em si mesma*.

Karl Marx

Do mesmo modo que isso resulta diretamente da determinação do conceito de tempo em *Epicuro*, é possível provar tudo de modo muito certeiro nos detalhes. Na carta de Epicuro a Heródoto[4], o tempo é determinado de tal forma que ele surge quando são pensados como acidentes os acidentes dos corpos percebidos pelos sentidos. A percepção dos sentidos refletida em si é aqui, portanto, a fonte do tempo e o próprio tempo. Por conseguinte, o tempo não deverá ser determinado por analogia nem algo diferente deverá ser dito dele, mas é preciso reter a própria *enargeía* [evidência]; pois, pelo fato de a percepção dos sentidos refletida em si ser o próprio tempo, não há como transcendê-lo.

Em *Lucrécio*, *Sexto Empírico* e *Estobeu*[5], em contraposição, o *accidens* do *accidens*, a mudança refletida em si, é determinada como

---

[4] Diógenes Laércio, cit., X, 72-3: "Καὶ μὴν καὶ τόδε γε δεῖ προςκατανοῆσαι σφοδρῶς. τὸν γὰρ δὴ χρόνον οὐ ζητητέον, ὥσπερ καὶ τὰ λοιπά, ὅσα ἐν ὑποκειμένῳ ζητοῦμεν, ἀνάγοντες ἐπὶ τὰς βλεπουμένας παρ' ἡμῖν αὐτοῖς προλήψεις· ἀλλ' αὐτὸ τὸ ἐνάργημα, καθ' ὃ τὸν πολὺν ἢ ὀλίγον χρόνον ἀναφονοῦμεν, συγγενικῶς τοῦτο περιφέροντες, ἀναλογιστέον. Καὶ οὔτε διαλέκτους, ὡς βελτίους μεταληπτέον, ἀλλ' αὐταῖς ταῖς ὑπαρχούσαις κατ' αὐτοῦ χρηστέον· οὔτε ἄλλο τι κατ' αὐτοῦ κατηγορητέον, ὡς τὴν αὐτὴν οὐσίαν ἔχοντος τῷ ἰδιώματι τούτῳ, καὶ παραμετροῦμεν, μάλιστα ἐπιλογιστέον. Καὶ γὰρ τοῦτο οὐκ ἀποδείξεως προςδεῖται, ἀλλ' ἐπιλογισμοῦ· ὅτι ταῖς ἡμέραις καὶ ταῖς νυξὶ συμπλέκομεν χρόνον, καὶ τοῖς τούτων μέρεσιν. Ὡσαύτως δὲ καὶ τοῖς πάθεσι καὶ ταῖς ἀπαθείαις καὶ κινήσεσι καὶ στάσεσιν ἴδιόν τι σύμπτωμα περὶ ταῦτα πάλιν αὐτὸ τοῦτο ἐννοοῦντες καθὸ χρόνον ὀνομάζομεν. Φησὶ δὲ καὶ ἐν τῇ β' τοῦτο περὶ φύσεως, καὶ ἐν τῇ μεγάλῃ ἐπιτομῇ" ["Há ainda outro ponto a ser considerado cuidadosamente. A investigação acerca do tempo não deve ser conduzida de forma idêntica à relativa a todos os acidentes que pesquisamos em um assunto, ou seja, referindo-nos às preconcepções que contemplamos em nós mesmos; devemos considerar o tempo em analogia com a evidência imediata resultante de nossas expressões 'muito tempo' e 'pouco tempo', aplicando-lhe adequadamente esse atributo da duração. Não é necessário recorrer a outras expressões presumivelmente melhores; basta-nos adotar as expressões usuais a seu respeito. Tampouco devemos atribuir ao tempo outro predicado qualquer e adotar outro termo como se tivesse a mesma essência contida na significação própria da palavra 'tempo' (até isso fazem algumas pessoas), mas principalmente devemos refletir sobre aquilo a que atribuímos esse caráter peculiar de tempo e com que o medimos. E isso não necessita de demonstração ulterior; basta pensar que correlacionamos o tempo com os dias e as noites, com as partes destes e destas e também com os sentimentos de prazer e sofrimento e os estados de movimento e imobilidade; que, quando usamos a expressão 'tempo', pensamos nele como um acidente peculiar a esses detalhes. Ele diz isso também no segundo livro da obra *Da natureza* e no *Grande compêndio*"].

[5] Lucrécio, *De rerum naturae*, cit. Sexto Empírico, *Adversus mathematicos*, p. 420 e seg.: "Σύμπτωμα συμπτωμάτων [...] ὅθεν καὶ ἐπειδὰν λέγῃ ὁ Ἐπίκουρος, τὸ σῶμα νοεῖν

tempo. Por conseguinte, a reflexão dos acidentes na percepção dos sentidos e sua reflexão em si mesmos são postas como uma e a mesma coisa.

Por meio dessa interconexão do tempo e da sensualidade, também os εἴδωλα [eídola], que se encontram da mesma forma em Demócrito, recebem uma posição mais coerente.

Os εἴδωλα [eídola] são as formas dos corpos naturais que, como superfícies, por assim dizer, se desprendem deles como peles e os transportam para a manifestação[6]. Essas formas das coisas fluem constantemente delas, penetram nos sentidos e, exatamente por essa via, fazem os objetos aparecerem. Por conseguinte, no ouvir, a

---

κατ᾽ ἐπισύνθεσιν μεγέθους καὶ σχήματος καὶ ἀντιτυπίας καὶ βάρους, ἐκ μὴ ὄντων σωμάτων βιάζεται τὸ ὂν σῶμα νοεῖν. [...] ὥςθ᾽ ἵνα ᾖ χρόνος, συμπώματα εἶναι δεῖ· ἵνα δὲ τὰ συμπώματα ὑπάρχῃ, συμβεβηκός τι ὑποκείμενον· οὐδὲν δέ ἐστι συμβεβηκὸς ὑποκείμενον· τοίνυν οὐδὲ χρόνος δύναται ὑπάρχειν. [...] οὐκοῦν ἐπεὶ ταῦτά ἐστι χρόνος, ὁ δὲ Ἐπίκουρος συμπτώματά φησιν αὐτῶν εἶναι [τὸν χρόνον], ἔσται κατὰ τὸν Ἐπίκουρον ὁ χρόνος αὑρὸς ἑαυτοῦ σύμπτωμα" ["Acidente dos acidentes [...], daí que também Epicuro, ao dizer que concebe o corpo como síntese de tamanho, forma, resistência e peso, é obrigado a pensar o corpo existente como composto pelo corpo não existente. [...] Logo, para que o tempo seja, é preciso que existam acidentes; para que existam acidentes, é preciso que haja um evento basilar; mas não existe um evento basilar e, portanto, tampouco pode existir tempo. [...] Dado que o tempo é isto [a saber, dia, noite, hora, movimento, repouso, sentimentos, estados livres de sentimentos] e dado que Epicuro diz que por [tempo] se devem entender seus acidentes, então, segundo Epicuro, o próprio tempo será seu acidente"]. Cf. Estobeu, cit.

[6] Diógenes Laércio, cit., X, 46-8: "Καὶ μὴν καὶ τύποι ὁμοιοσχήμονες τοῖς στερεμνίοις εἰσί, λεπτότησιν ἀπέχοντες μακρὰν τῶν φαινομένων. [...] Τούτους δὲ τοὺς τύπους εἴδωλα προσαγορεύομεν. [...] ἡ γένεσις τῶν εἰδώλων ἅμα νοήματι συμβαίνει [...] οὐκ ἐπίδηλος αἰσθήσει διὰ τὴν ἀνταναπλήρωσιν, σώζουσα τὴν ἐπὶ [τοῦ] στερεμνίου θέσιν καὶ τάξιν τῶν ἀτόμων" ["Ademais, há impressões semelhantes à figura dos corpos sólidos que, por sua sutileza, superam consideravelmente as coisas que aparecem a nossos sentidos. [...] Damos a essas impressões o nome de imagens [eídola]. [...] A formação das imagens é tão veloz quanto o pensamento [...], nunca poderemos perceber com os sentidos uma diminuição dos corpos por causa da reposição constante, que conserva durante muito tempo a disposição e a sequência que os átomos tinham em um corpo sólido"]. Lucrécio, IV, 34 e seg.: "[...] rerum simulacra [...]/ Quae, quasi membranae summo de corpore rerum/ Dereptae, volitant ultro citroque per auras" ["[...] retratos das coisas [...]/ que, como películas da superfície dos corpos/ retiradas, voam constantemente de um lado para o outro pelos ares"]. Ibidem, IV, 49 e seg.: "Quod speciem ac formam similem gerit ejus imago,/ Quojus [...] cluet de corpore fusa vagari" ["Porque quanto ao aspecto e à forma o retrato se assemelha/ ao corpo do qual emanou e agora ronda por aí"].

natureza ouve a si mesma, no cheirar, ela cheira a si mesma, no ver, ela vê a si mesma[7]. A sensualidade humana é, assim, o meio no qual os processos naturais se refletem como em um foco e incendeiam a luz da manifestação.

Em *Demócrito*, isso é inconsequência, dado que a manifestação é meramente subjetiva; em Epicuro, é uma consequência necessária, dado que a sensualidade é a reflexão do mundo fenomênico em si mesmo, seu tempo encarnado.

Por fim, a interconexão de sensualidade e tempo se apresenta de maneira tal *que a temporalidade das coisas e sua manifestação para os sentidos são postas neles como uma coisa só*. Exatamente pelo fato de aparecerem para os sentidos, os corpos se desvanecem[8] Pois, separando-se constantemente dos corpos e fluindo para os sentidos,

---

[7] Diógenes Laércio, cit., X, 49-53: "Δεῖ δὲ καὶ νομίζειν, ἐπεισιόντος τινὸς ἀπὸ τῶν ἔξωθεν, τὰς μορφὰς ὁρᾶν ἡμᾶς καὶ διανοεῖσθαι. Οὐ γὰρ ἂν ἄλλως ἀποσφραγίσαιτο τὰ ἔξωθεν τὴν ἑαυτῶν φύσιν [...]. Ὥστε ὁρᾶν ἡμᾶς, τύπων τινῶν ἐπεισιόντων ἡμῖν ἀπὸ τῶν πραγμάτων, καὶ ἀπὸ χροῶν τε καὶ ὁμοιομόρφων, κατὰ τὸ ἐναρμόττον μέγεθος, εἰς τὴν ὄψιν. [...] Εἶτα διὰ ταύτην τὴν αἰτίαν τοῦ ἑνὸς καὶ συνεχοῦς τὴν φαντασίαν ἀποδιδόντες, καὶ τὴν συμπάθειαν ἀπὸ τοῦ ὑποκειμένου σώζοντες. [...] Ἀλλὰ μὴν καὶ τὸ ἀκούειν γίνεται, ῥεύματός τινος φερομένου ἀπὸ τοῦ φωνοῦντος ἢ ἠχοῦντος ἢ ψοφοῦντος ἢ ὅπως δή ποτε ἀκουστικὸν πάθος παρασκευάζοντες. Τὸ δὲ ῥεῦμα τοῦτο εἰς ὁμοιομερεῖς ὄγκους διασπείρεται, ἅμα τινὰ διασώζοντας συμπάθειαν πρὸς ἀλλήλους. [...] Καὶ μὴν καὶ τὴν ὀσμὴν νομιστέον, ὥσπερ καὶ τὴν ἀκοὴν οὐκ ἄν ποτε πάθος οὐθὲν ἐργάσασθαι, εἰ μὴ ὄγκοι τινὲς ἦσαν ἀπὸ τοῦ πράγματος ἀποφερόμενοι, σύμμετροι πρὸς τὸ τοῦτο αἰσθητήριον κινεῖν" ["Devemos também ter em mente que é pela penetração em nós de qualquer coisa vinda de fora que vemos as figuras das coisas e fazemos delas objeto de nosso pensamento. Pois não haveria outro modo de as coisas externas imprimirem em nós sua própria natureza [...]. Desse modo, *vemos* quando certas impressões das coisas cuja cor e forma são iguais às das coisas penetram no nosso olho no tamanho apropriado. [...] E por essa razão produzem a representação do objeto em sua unidade e coesão e conservam fielmente o conjunto das características constantes do objeto. [...] A *audição* é produzida por uma corrente que se move a partir daquilo que emite a voz ou o som ou o rumor ou produz algum tipo de sensação auditiva. Esse fluxo se divide em partículas homogêneas que conservam simultânea e reciprocamente certa conexão mútua natural. [...] Em relação ao *odor*, devemos também crer que, à semelhança da voz, ele não poderia causar sensação nenhuma se não se produzissem certas partículas simetricamente capazes de excitar o órgão sensorial"].

[8] Lucrécio, *De rerum natura*, II, 1.140 [e seg.]: "*Jure igitur pereunt, quum rarefacta fluundo/ Sunt [...]*" ["Com razão, portanto, desaparecem [todas as coisas], depois de rarefeitas pelo fluxo [...]"].

tendo sua sensualidade fora de si mesmos como outra natureza, e não em si mesmos, não retornando, portanto, da separação, os εἴδωλα se dissolvem e desaparecem.

Portanto, como o átomo nada mais é que a forma natural da autoconsciência abstrata, individual, também a natureza sensível não passa de autoconsciência empírica, individual, objetivada, e esta é a autoconsciência sensível. Por isso, os sentidos são os únicos critérios na natureza concreta, a exemplo da razão abstrata no mundo dos átomos.

CAPÍTULO V
Os meteoros*

As concepções astronômicas de *Demócrito* podem até ser perspicazes do ponto de vista de sua época, mas não há como extrair delas alguma coisa filosoficamente interessante. Elas não transcendem o círculo da reflexão empírica nem estão interconectadas com a teoria dos átomos de alguma maneira mais determinada.

Em contraposição, a teoria de *Epicuro* a respeito dos corpos celestes e dos processos vinculados a eles ou a teoria dos *meteoros* (expressão com que ele resume tudo isso) encontra-se em oposição não só à opinião de Demócrito, mas à opinião da filosofia grega. A adoração dos corpos celestes é um culto celebrado por todos os filósofos gregos. O sistema dos corpos celestes é a primeira existência da verdadeira razão, ainda ingênua e determinada pela natureza. A mesma posição assume a autoconsciência grega no reino do espírito. Ela é o sistema solar do espírito. Por conseguinte, ao prestar culto aos corpos celestes, os filósofos gregos adoravam o próprio espírito.

O próprio *Anaxágoras*, que foi o primeiro a explicar fisicamente o céu, puxando-o desse modo para a Terra em um sentido diferente do que fez Sócrates, respondeu assim quando lhe perguntaram para que ele teria nascido: "εἰς θεωρίαν ἡλίου καὶ σελήνης καὶ οὐρανοῦ" ["Para contemplar o Sol, a Lua e o céu"][1]. Porém, *Xenófanes* olhou para o céu e disse que o uno é o deus[2]. Quanto aos *pitagóricos* e a *Platão*,

---

* Meteoro: designação antiga para todos os corpos e fenômenos celestes. (N. E. A.)
[1] Diógenes Laércio, II, 3, [§]10.
[2] Aristóteles, *Metafísica*, I, 5: "[ἀλλ᾽ εἰς τὸ ὅλον οὐρανὸν ἀποβλέψας,] τὸ ἓν εἶναί [φησι] τὸν θεόν" ["[Ele [Xenófanes], porém, olhou para o céu inteiro e disse que] o uno é o deus"].

Karl Marx

e quanto a *Aristóteles*, é conhecida a relação religiosa de todos com os corpos celestes.

Epicuro de fato se coloca na contramão da visão de mundo de todo o povo grego.

Aristóteles diz que às vezes o conceito parece atestar os fenômenos – e os fenômenos, o conceito. Assim, todos os seres humanos têm uma concepção dos deuses e atribuem ao divino a sede mais elevada; tanto os bárbaros quanto os gregos, todos quantos creem na existência dos deuses, manifestamente vinculando o imortal ao imortal, pois não haveria outra maneira. Portanto, se há um divino – como realmente há –, também está correta nossa afirmação sobre a substância dos corpos celestes. E isso corresponde à percepção sensível, que testemunha a favor da convicção humana. Pois em todo o tempo passado, de acordo com o conjunto da memória transmitida reciprocamente, parece que nada mudou em todo o céu nem em qualquer de suas partes. Inclusive o nome parece ter sido transmitido pelos antigos até o mundo atual, na medida em que eles assumiram as mesmas coisas que nós dizemos. Pois não foi uma vez nem duas vezes, mas infinitas vezes que as mesmas concepções chegaram até nós. Pois, pelo fato de o primeiro corpo ser algo diferente da terra, do fogo, do ar e da água, eles chamaram o lugar mais elevado de "éter", de θεῖν ἀεί, dando-lhe o epíteto de tempo eterno[3]. Os antigos

---

[3] Idem, *De coelo*, I, 3: "῎Εοικε δ' ὅτε λόγος τοῖς φαινομένοις μαρτυρεῖν, καὶ τὰ φαινόμενα [τῷ] λόγῳ. Πάντες γὰρ ἄνθρωποι περὶ θεῶν ἔχουσιν ὑπόληψιν, καὶ πάντες τὸν ἀνωτάτω τῷ θείῳ τόπον ἀποδιδόασι, καὶ βάρβαροι καὶ Ἕλληνες, ὅσοι περ εἶναι νομίζουσι θεούς, δῆλον ὅτι ὡς τῷ ἀθανάτῳ τὸ ἀθάνατοι συνηρτημένον· ἀδύνατον γὰρ ἄλλως. Εἴπερ οὖς ἐστί τι θεῖον – ὥσπερ καὶ ἔστι – καὶ τὰ νῦν εἰρημένα περὶ τῆς πρώτης οὐσίας τῶν σωμάτων εἴρηται καλῶς. Συμβαίνει δὲ τοῦτο καὶ διὰ τῆς αἰσθήσεως ἱκανῶς, ὥς γε πρὸς ἀνθρωπίνην εἰπεῖν πίστιν. Ἐν ἅπαντι γὰρ τῷ παρεληλυθότι χρόνῳ, κατὰ τῆς παραδεδομένην ἀλλήλοις μνήμην, οὐδὲν φαίνεται μεταβεβληκὸς, οὔτε καθ' ὅλον τὸν ἔσχατον οὐρανὸν, οὔτε κατὰ μόριον αὐτοῦ τῶν οἰκείων οὐδέν. Ἔοικε δὲ καὶ τοὔνομα παρὰ τῶν ἀρχαίων διαδεδόσθαι μέχρι καὶ τοῦ νῦν χρόνου, τοῦτον τὸν τρόπον ὑπολαμβανόντων, ὅπερ καὶ ἡμεῖς λέγομεν. Οὐ γὰρ ἅπαξ, οὐδὲ δὶς, ἀλλ' ἀπειράκις, δεῖ νομίζειν, τὰς αὐτὰς ἀφικνεῖσθαι δόξας εἰς ἡμᾶς. Διόπερ, ὡς ἑτέρου τινὸς ὄντος τοῦ πρώτοι σώματος, παρὰ γῆν καὶ πῦρ καὶ ἀέρα καὶ ὕδωρ, αἰθέρα προσωνόμασαν τὸν ἀνωτάτω τόπον ἀπὸ τοῦ θεῖν ἀεί, τὸν ἀΐδιον χρόνον θέμενοι τὴν ἐπωνυμίαν αὐτῷ" ["Mas parece que tanto a teoria atesta os fenômenos quanto os fenômenos atestam [a] teoria. Pois todas as pessoas têm uma

Diferença entre a filosofia da natureza de Demócrito e a de Epicuro

destinaram o céu e o lugar mais elevado aos deuses, porque só ele é imortal. Mas a atual doutrina atesta que ele é indestrutível, não originado, não compartilhando nada do infortúnio mortal. Desse modo, nossos conceitos simultaneamente correspondem ao vaticínio sobre o Deus[4]. Porém, é evidente que existe *um só* céu. Os antepassados e antigos transmitiram aos pósteros o que restou na forma do mito – a saber, que os corpos celestes são deuses e que o divino abarca toda a natureza. O restante foi acrescentado miticamente em função da crença da multidão, como algo útil para as leis e para a vida. Pois eles tornam os deuses parecidos com os humanos e com alguns dos outros seres vivos e inventam outras coisas relacionadas e aparentadas com essas. Se alguém puser isso tudo de lado e ficar só com a primeira coisa, ou seja, a crença de que as primeiras substâncias são deuses, então tem de achar que ela foi divinamente dita e que, como de fato sucedeu, tendo sido inventadas e novamente perdidas todas

---

representação dos deuses e todas atribuem ao divino o lugar mais elevado, tanto os bárbaros quanto os gregos, todos os que creem que deuses existem, evidentemente porque o imortal está vinculado com os imortais, pois nem pode ser de outro modo. Ora, se houver um divino – como de fato há –, é correta também nossa afirmação anterior sobre a primeira substância dos corpos. Mas isso também é suficientemente confirmado pela percepção dos sentidos, na medida em que se pode falar disso por convicção humana. Pois, a julgar pela memória que foi transmitida de um para outro, parece que, em todo o tempo passado, nada se modificou na parte mais alta do céu – nem em sua totalidade nem nas partes que lhe são peculiares. Inclusive o nome parece ter sido transmitido pelos antigos até o tempo atual, já que eles assumem o mesmo que nós dizemos. Pois não é uma vez nem duas vezes, é preciso opinar que são incontáveis as vezes em que as mesmas opiniões vêm até nós. Por ser o primeiro corpo algo diferente da terra, do fogo, do ar e da água, deram ao lugar mais alto o nome de *"éter"*, que provém de *theîn aeí* ["correr eternamente"], conferindo-lhe a denominação de tempo eterno"].

[4] Ibidem, II, 1: "Τὸν δ᾽ οὐρανὸν καὶ τὸν ἄνω τόπον οἱ μὲν ἀρχαῖοι τοῖς θεοῖς ἀπένειμαν, ὡς ὄντα μόνον ἀθάνατον. Ὁ δὲ νῦν μαρτυρεῖ λόγος, ὡς ἄφθαρτος καὶ ἀγέννητος, ἔτι δὲ ἀπαθὴς πάσης θνητῆς δυσχερείας ἐστί. [...] οὐ μόνον αὐτοῦ περὶ τῆς ἀϊδιότητος οὕτως ὑπολαβεῖν ἐμμελέστερον, ἀλλὰ καὶ τῇ μαντείᾳ τῇ περὶ τὸν θεόν, μόνως ἂν ἔχοιμεν οὕτως ὁμολογουμένως ἀποφαίνεσθαι συμφώνους λόγους" ["Mas o céu e o lugar mais alto eram conferidos aos deuses pelos antigos, como o único que é imortal. A doutrina atestada aqui diz que ele é imperecível e não nascido, bem como não tem parte em nenhum infortúnio mortal. [...] Assim não só é mais adequado ter esse parecer sobre sua eternidade, como também essa é a única maneira de fazer formulações que reconhecidamente concordam com o oráculo sobre deus"].

Karl Marx

as possíveis artes e filosofias, essas opiniões chegaram ao mundo atual como resquícios[5].

Epicuro, em contraposição, diz:

A todos esses pensamentos, deve-se acrescentar que as almas humanas se metem na maior confusão por considerarem os corpos celestes bem-aventurados e indestrutíveis, terem desejos e praticarem ações que os contrariam e por ficarem desconfiadas, segundo os mitos[6]. Quanto aos meteoros, é preciso crer que neles o movimento, a posição, o eclipse, o nascer e o pôr e coisas parecidas não se originam do fato de um só governar tudo e dar as ordens, ou ter dado as ordens, um que simultaneamente possuísse toda a bem-aventurança, bem como a indestrutibilidade. Pois ações não combinam com bem-aventurança, elas acontecem por terem afinidade com a fraqueza, o

---

[5] Idem, *Metafísica*, XI (XII), 8: "Ὅτι δὲ εἷς οὐρανὸς, φανερόν. [...] Παραδέδοται δὲ ὑπὸ τῶν ἀρχαίων καὶ παλαιῶν, ἐν μύθου σχήματι καταλελειμμένα τοῖς ὕστερον, ὅτι θεοί τέ εἰσιν οὗτοι, καὶ περιέχει τὸ θεῖον τὴν ὅλην φύσιν. Τὰ δὲ λοιπὰ μυθικῶς ἤδη προσῆχθη πρὸς τὴν πειθὼ τῶς πολλῶν καὶ πρὸς τὴν εἰς τοὺς νόμους καὶ τὸ συμφέρον χρῆσιν. Ἀνθρωποειδεῖς τε γὰρ τούτους καὶ τῶν ἄλλων ζώων ὁμοίους τισὶ λέγουσι, καὶ τούτοις ἕτερα ἀκόλουθα καὶ παραπλήσια τοῖς εἰρημένοις· ὧν εἴ τις χωρίσας αὐτὸ λάβοι μόνον τὸ πρῶτον, ὅτι θεοὺς ᾤοντο τὰς πρώτας οὐσίας εἶναι, θείως ἂν εἰρῆσθαι νομίσειε, καὶ κατὰ τὸ εἰκὸς πολλάκις εὑρημένης εἰς τὸ δυνατὸν ἑκάστης καὶ τέχνης καὶ φιλοσοφίας καὶ πάλιν φθειρομένων, καὶ ταύτας τὰς δόξας ἐκείνων, οἷον λείψανα, περισεσῶσθαι μέχρι τοῦ νῦν" ["É manifesto que existe um só céu. [...] Foi transmitido pelos antigos e antepassados e deixado para os pósteros na forma de mito que aqueles [isto é, os corpos celestes ou as primeiras substâncias] são deuses e que o divino envolve toda a natureza. O restante foi acrescentado em forma mítica em função da convicção da maioria e do proveito para as leis e o bem comum. Por isso se diz que eles teriam figura humana ou seriam semelhantes a outros seres vivos e a outras coisas relacionadas e aparentadas com o que foi dito; se pusermos isso de lado e tomarmos só a primeira coisa, ou seja, que as primeiras substâncias seriam deuses, pode-se considerar como divinamente dito que, se, como é provável, cada arte e filosofia possíveis foram inventadas muitas vezes e voltaram a se perder, então essas opiniões emitidas por aqueles se mantiveram como resquícios até agora"].

[6] Diógenes Laércio, cit., X, 81: "Ἐπὶ δὲ τούτοις ὅλως ἅπασιν ἐκεῖνο δεῖ κατανοεῖν, ὅτι τάραχος ὁ κυριώτατος ταῖς ἀνθρωπίναις ψυχαῖς γίνεται ἐν τῷ ταῦτα μακάριά τε δοξάζειν καὶ ἄφθαρτα καὶ ὑπεναντίας ἔχειν τούτοις βουλήσεις καὶ πράξεις [...] καὶ ὑποπτεύειν κατὰ τοὺς μύθους" ["A todas essas considerações se deve acrescentar ainda esta: a principal perturbação das almas humanas tem sua origem no fato de acharem que esses [isto é, os corpos celestes] são bem-aventurados e indestrutíveis e, ao mesmo tempo, atribuírem a eles vontades e ações conflitantes com esse estado [...] e de nutrirem expectativas temerosas segundo os mitos"].

temor e principalmente a carência. Nem se deve achar que alguns corpos incandescentes, que possuiriam a bem-aventurança, submetem-se aleatoriamente a esses movimentos. Ora, quando não se concorda com isso, esse antagonismo basta para causar a maior perplexidade possível nos espíritos[7].

Por conseguinte, enquanto *Aristóteles* criticou os antigos por acreditarem que o céu precisa do suporte de um Atlas[8] que "πρὸς ἑσπέρους τόπους ἕστηκε κίον᾽ οὐρανοῦ τε καὶ χθόνος ὤμοιν ἐρείδων" ["fica postado no Ocidente, apoiando sobre os ombros os pilares do céu e da Terra"] (Ésquilo, *Prometeu acorrentado*, v. 348 e seg.), Epicuro, em contrapartida, censurou aqueles que acreditavam que o ser humano necessita do céu; e ele encontra o próprio Atlas, sobre o qual o céu se apoia, na forma da tolice humana e da superstição. A tolice e a superstição também são titãs.

Toda a carta de Epicuro a Pítocles trata da teoria dos corpos celestes, excetuando a última seção. Esta conclui a epístola com sentenças éticas. E, de modo apropriado, máximas éticas são apensadas à teoria dos meteoros. Essa teoria é, para Epicuro, questão de consciência. Nossa análise se baseará, por conseguinte, principalmente nesse escri-

---

[7] Ibidem, X, 76-7: "Καὶ μὴν ἐν τοῖς μετεώροις φορὰν καὶ τροπὴν καὶ ἔκλειψιν καὶ ἀνατολὴν καὶ δύσιν καὶ τὰ σύστοιχα τούτοις μήτε, λειτουργοῦντος τινος, νομίζειν δεῖ γίνεσθαι, καὶ διατάττοντος ἢ διατάξαντος, καὶ ἅμα τὴν πᾶσαν μακαριότητα ἔχοντος μετ᾽ ἀφθαρσίας. Οὐ γὰρ συμφωνοῦσι πραγματεῖαι [...] μακαριότητι, ἀλλ᾽ ἀσθενείᾳ καὶ φόβῳ καὶ προςδεήσει τῶν πλησίον ταῦτα γίνηται. Μήτε αὖ πυρώδη τινὰ συνεστραμμένα, τὴν μακαριότητα κεκτημένα, κατὰ βούλησιν τὰς κινήσεις ταύτας λαμβάνειν. [...] Εἰ δὲ μὴ, τὸν μέγιστον τάραχον ἐν ταῖς ψυχαῖς αὕτη ὑπεναντιότης παρασκευάσει" ["Quanto aos fenômenos celestes [meteoros], não se deve crer que os movimentos, as revoluções, os eclipses, o surgir e o pôr dos astros e fenômenos similares ocorram por obra ou por disposição presente ou futura de algum ser dotado tanto de perfeita beatitude quanto de imortalidade. Pois atividades práticas não condizem [...] com a beatitude, mas essas coisas [isto é, atividade, preocupação, ira, simpatia] originam-se de fraqueza, medo e dependência em relação a outros. Tampouco se deve crer que massas de fogo esféricas, dotadas de beatitude, se submetam contra a vontade a esses movimentos. [...] De outro modo, esse contraste produzirá as piores perturbações em nossos espíritos"].

[8] Aristóteles, *De coelo*, II, 1: "Διόπερ οὔτε κατὰ τὸν τῶν παλαιῶν μῦθον ὑποληπτέον ἔχειν, οἵ φασιν Ἀτλαντός τινος αὐτῷ προςδεῖσθαι τὴν σωτηρίαν" ["Por isso, nem se deve pensar de acordo com o mito dos antepassados, dizendo que ele [isto é, o céu] necessita de algum Atlas como suporte"].

Karl Marx

to a Pítocles. Nós a complementaremos a partir da carta a Heródoto, à qual o próprio Epicuro se refere na correspondência a Pítocles[9].

Em primeiro lugar, não se deve crer que, do conhecimento dos meteoros, quer apreendido em sua totalidade, quer em sua particularidade, como o restante da ciência natural, seja possível alcançar outra coisa além de ataraxia e confiança firme[10]. Nossa vida não precisa de ideologia* nem de hipóteses vazias, mas de ausência de perplexidade. Como o assunto que ocupa a fisiologia de modo geral é investigar as razões daquilo que é o principal, é nisso que reside a felicidade também do conhecimento dos meteoros. Em si e por si só, a teoria do ocaso e do nascer, da posição e do eclipse, não oferece nenhuma razão especial para felicidade; o que ocorre é que estão tomados de pavor aqueles que veem isso sem conhecer sua natureza nem suas causas principais[11]. Até

---

[9] Diógenes Laércio, II, 85: "Καλῶς δὴ αὐτὰ διάλαβε (isto é, ὦ Πυθόκλεις) καί, διὰ μνήμης ἔχων, ὀξέως αὐτὰ περιόδευε μετὰ τῶν λοιπῶν, ὧν ἐν τῇ μικρᾷ ἐπιτομῇ πρὸς Ἡρόδοτον ἀπεστείλαμεν" ["Apropria-te (isto é, ó Pítocles) bem desses preceitos, guarda-os na memória e recapitula-os periodicamente com os demais já expostos por mim na *Pequena epítome* que enviei a Heródoto"].

[10] Idem: "Πρῶτον μὲν οὖν, μὴ ἄλλο τι τέλος ἐκ τῆς περὶ μετεώρων γνώσεως, εἴτε κατὰ συναφὴν λεγομένων, εἴτε ἀποστελῶς, νομίζειν δεῖ εἶναι, ἤπερ ἀταραξίαν καὶ πίστιν βέβαιον, καθάπερ ἐπὶ τῶν λοιπῶν" ["Em primeiro lugar, lembra-te de que, como tudo, o conhecimento dos fenômenos celestes, quer os consideremos no contexto maior, quer isoladamente, não tem outra finalidade senão a de assegurar a ataraxia e a convicção firme, à semelhança das demais investigações"]. Ibidem, II, 82: "Ἡ δὲ ἀταραξία τὸ τούτων πάντων ἀπολελύσθαι καὶ συνεχῆ μνήμην ἔχειν τῶν ὅλων καὶ κυριωτάτων" ["Mas a ataraxia consiste em 'estar livre de todos esses [erros] e rememorar com persistência as teses gerais e principais'"].

* Aqui tradução de ἰδιολογία [*idiología*], que significa "teorizar subjetivo" ou "pesquisa específica". (N. E. A.)

[11] Ibidem, II, 87: "Οὐ γὰρ ἰδιολογίας καὶ κενῆς δόξης ὁ βίος ἡμῶν ἔχει χρείαν, ἀλλὰ τοῦ ἀθορύβως ἡμᾶς ζῆν" ["Nossa vida não necessita de teorias subjetivas nem de opiniões vãs, mas de que sigamos sem perturbações"]. Ibidem, II, 78: "Καὶ μὴν καὶ τὴν ὑπὲρ τῶν κυριωτάτων αἰτίαν ἐξακριβῶσαι, φυσιολογίας ἔργον εἶναι δεῖ νομίζειν, καὶ τὸ μακάριον ἐν τῇ περὶ τῶν μετεώρων γνώσει, ἐνταῦθα πεπτωκέναι" ["Devemos ainda sustentar que a função da ciência da natureza é a determinação precisa da causa dos elementos principais e que, nesse tocante, a felicidade consiste no conhecimento dos fenômenos celestes"]. Ibidem, II, 79: "Τὸ δ' ἐν τῇ ἱστορίᾳ πεπτωκὸς τῆς δύσεως καὶ ἀνατολῆς καὶ τροπῆς καὶ ἐκλείψεως καὶ ὅσα συγγενῆ τούτοις, μηδὲν ἔτι πρὸς τὸ μακάριον τῆς γνώσεως συντείνειν, ἀλλ' ὁμοίως τοὺς φόβους ἔχειν τοὺς ταῦτα κατιδόντας, τίνες δὲ αἱ φύσεις ἀγνοοῦντας, καὶ τίνες αἱ κυριώταται αἰτίαι·

Diferença entre a filosofia da natureza de Demócrito e a de Epicuro

esse ponto, nega-se apenas a *primazia* que deveria ter a teoria dos meteoros em relação às demais ciências e situa-se essa teoria no mesmo nível das demais.

Porém, a teoria dos meteoros *diferencia-se também especificamente* tanto do feitio da ética quanto dos demais problemas físicos, por exemplo, do fato de haver elementos indivisíveis e coisas desse tipo, em que uma única explicação corresponde aos fenômenos. Isso não acontece no caso dos meteoros[12]. A gênese destes não tem uma causa simples, e eles se enquadram em mais de uma categoria da essência correspondente aos fenômenos. Pois a fisiologia não deve ser praticada segundo axiomas e leis vazias[13]. Repete-se constantemente que não há como explicar os meteoros ἁπλῶς [*haplôs*] (de modo simples, absoluto), mas que eles devem ser explicados πολλαχῶς [*pollachôs*] (de modo múltiplo). É assim quando ele fala sobre o nascer e o pôr do Sol e da Lua[14], sobre o crescer e o minguar da Lua[15], sobre o brilho

---

καὶ εἰ μὴ προῄδεισαν ταῦτα, τάχα δὲ καὶ πλείους" ["Quanto à teoria do surgir e do pôr dos astros, das revoluções, dos eclipses e afins, ela não contribui com nada para a felicidade do conhecimento; aqueles que sabem disso, mas não conhecem sua natureza nem suas causas principais, têm medo do mesmo jeito, como se não soubessem de nada disso; e talvez o medo deles seja ainda maior"].

[12] Ibidem, II, 86: "Μήτε τὸ ἀδύνατον παραβιάζεσθαι, μήτε ὁμοίαν κατὰ πάντα τὴν θεωρίαν ἔχειν, ἢ τοῖς περὶ βίον λόγοις, ἢ τοῖς κατὰ τὴν τῶν ἄλλων φυσικῶν προβλημάτων κάθαρσιν. Οἷον, ὅτι τὸ πᾶν σῶμα καὶ ἀναφὴς φύσις ἐστίν· ἢ ὅτι ἄτομα στοιχεῖα καὶ πάντα τὰ τοιαῦτα, ἢ ὅσα μοναχὴν ἔχει τοῖς φαινομένοις συμφωνίαν· ὅπερ ἐπὶ τῶν μετεώρων οὐχ ὑπάρχει" ["Não se deve forçar o impossível nem adotar em tudo o mesmo método de pesquisa aplicado em minha exposição sobre os modos de vida ou naquela que visa à solução dos demais problemas físicos, como que o todo consiste em corpos e natureza intangível ou que os elementos são indivisíveis e todas as coisas desse tipo, passíveis apenas de uma solução em harmonia com os fenômenos. Esse procedimento não é aplicável aos fenômenos celestes"].

[13] Ibidem, II, 86[-7]: "Ἀλλὰ ταῦτά γε πλεοναχὴν ἔχει καὶ τῆς γενέσεως αἰτίαν καὶ τῆς οὐσίας ταῖς αἰσθήσεσι σύμφωνον κατηγορίαν. Οὐ γὰρ κατὰ ἀξιώματα κενὰ καὶ νομοθεσίας φυσιολογητέον, ἀλλ' ὡς τὰ φαινόμενα ἐκκαλεῖται" ["Muito antes, estes admitem não só causas múltiplas de sua formação, mas também uma determinação múltipla de sua essência, em harmonia com as sensações. Não devemos fazer indagações sobre a natureza de acordo com axiomas vãos e leis arbitrárias, mas de acordo com as demandas dos fenômenos"].

[14] Ibidem, II, 92.

[15] Ibidem, II, 94.

da face na Lua[16], sobre a variação da duração do dia e da noite[17] e sobre os demais fenômenos celestes.

Como explicar isso, então?

Qualquer explicação já é suficiente, desde que o mito seja afastado. E será afastado quando, acompanhando os fenômenos, deduzimos deles o invisível[18]. É preciso ater-se à manifestação, à percepção sensível. Por conseguinte, deve-se empregar a analogia. Dessa maneira, é possível eliminar o medo pela explicação e libertar-se dele, apontando razões para os meteoros e as demais coisas que sucedem e que mais transtornam as outras pessoas[19].

---

[16] Ibidem, II, 95 e 96.

[17] Ibidem, II, 98.

[18] Ibidem, II, 104: "Καὶ κατ᾽ ἄλλους δὲ τρόπους πλείονας ἐνδέχεται (κατ᾽ Ἐπίκουρου) κεραυνοὺς ἀποτελεῖσθαι. Μόνον ὁ μῦθος ἀπέστω. Ἀπέσται δὲ, ἐὰν τις καλῶς τοῖς φαινομένοις ἀκολουθῶν, περὶ τῶν ἀφανῶν σημειῶται" ["Os raios, entretanto, (segundo Epicuro) podem produzir-se ainda de diversos outros modos. Somente o mito deve ser excluído. E será excluído se nos ativermos estritamente aos fenômenos e deduzirmos deles o invisível"].

[19] Ibidem, II, 80: "'Ὥστε παραθεωροῦντας ποσαχῶς παρ᾽ ἡμῖν τὸ ὅμοιον γίνεται, αἰτιολογητέον ὑπέρ τε τῶν μερεώρων καὶ παντὸς τοῦ ἀδήλου" [Por conseguinte, devemos observar os múltiplos modos como ocorre entre nós a mesma coisa e, assim, procurar as causas dos fenômenos celestes e de tudo o que não está claro.] Ibidem, II, 82: "Ἡ δὲ ἀταραξία τὸ τούτων πάντων ἀπολελύσθαι. [...] Ὅθεν τοῖς πᾶσι προσεκτέον τοῖς παροῦσι καὶ ταῖς αἰσθήσεσι, κατὰ μὲν τὸ κοινὸν ταῖς κοιναῖς, κατὰ δὲ τὸ ἴδιον ταῖς ἰδίαις, καὶ πάσῃ τῇ παρούσῃ καθ᾽ ἕκαστον τῶν κριτηρίων ἐναργείᾳ. Ἂν γὰρ τούτοις προσέχωμεν τὸ ὅθεν ὁ τάραχος καὶ ὁ φόβος ἐγίνετο, ἐξαιτιολογήσομεν ὀρθῶς, καὶ ἀπολύσομεν, ὑπέρ τε μετεώρων αἰτιολογοῦντες καὶ τῶν λοιπῶν τῶν ἀεὶ παρεμπιπτόντων, καὶ ὅσα φοβεῖ τοὺς λοιποὺς ἀνθρώπους ἐσχάτως" ["Mas a ataraxia consiste em estar livre de todos esses [erros]. [...] Por conseguinte, é preciso ater-se a tudo o que está aí e às percepções dos sentidos, no caso do geral aos que são gerais, no caso do específico aos que são específicos, e é preciso ater-se, em cada um dos critérios, a cada impressão deixada. Se nos ativermos a isso, conseguiremos explicar corretamente de onde vêm a perturbação e o medo e livrar-nos deles, expondo as causas dos fenômenos celestes e de tudo o que nos sucede e, de modo geral, de tudo o que mais perturba as demais pessoas"]. Ibidem, II, 87-8: "Σημεῖα δέ τινα τῶν ἐν τοῖς μετεώροις συντελουμένων φερεῖν δεῖ παρ᾽ ἡμῖν τινα φαινομένων, ἃ θεωρεῖται ἢ ὑπάρχει καὶ οὐ τὰ ἐν τοῖς μετεώροις φαινόμενα. Ταῦτα γὰρ ἐνδέχεται πλεοναχῶς γίνεσθαι. Τὸ μέντοι φάντασμα ἕκαστων τηρητέον καὶ ἐπὶ τὰ συναπτόμενα τούτῳ διαιρετέον. Ἃ οὐκ ἀντιμαρτυρεῖται τοῖς παρ᾽ ἡμῖν γινομένοις πλεοναχῶς συντελεῖσθαι" ["Por outro lado, certos indícios para a interpretação dos fenômenos celestes podem ser obtidos de alguns fenômenos observados ou existentes em nosso âmbito e não aparecem nos fenômenos celestes. Isso pode surgir de múltiplas maneiras. Contudo, é preciso observar a forma de cada manifestação e ponderar detidamente os fatos concomitantes. Os fenômenos em nosso âmbito não estão em contradição com o fato de que isso surge de múltiplas maneiras"].

Diferença entre a filosofia da natureza de Demócrito e a de Epicuro

A massa de explicações e a pluralidade das possibilidades pretendem não só acalmar a consciência e afastar as razões da angústia, mas, ao mesmo tempo, negar a unidade, a lei igual a si mesma e absoluta nos corpos celestes. Eles poderiam se comportar ora assim, ora de outro modo; essa possibilidade sem lei seria o caráter de sua realidade; tudo neles seria instável e inconstante[20]. *A pluralidade das explicações visa simultaneamente a suprimir a unidade do objeto.*

Portanto, enquanto *Aristóteles*, em consonância com os demais filósofos gregos, considera os corpos celestes eternos e imortais por se comportarem sempre da mesma maneira, atribuindo-lhes um elemento bem próprio, superior, não sujeito à força da gravidade, *Epicuro* afirma, opondo-se frontalmente a isso, que de fato ocorre o inverso. O que diferenciaria a teoria dos meteoros especificamente de toda e qualquer outra doutrina física é que, nos meteoros, tudo acontece de modo múltiplo e não regulado, que neles tudo deve ser explicado por razões múltiplas e em quantidade indeterminada. Ele rejeita a opinião contrária em tom colérico e exasperado: os que se atêm a uma modalidade explicativa e excluem as demais, os que assumem uma coisa só e, portanto, eterna e divina nos meteoros, incorrem em explicações vazias e nos artifícios servis dos astrólogos; eles ultrapassam a fronteira da fisiologia e se atiram nos braços do mito; tentam levar a termo o impossível e se esfalfam com coisas sem sentido; não sabem nem mesmo em que ponto a própria ataraxia passa a correr perigo[21].

---

[20] Ibidem, II, 78: "Ἔτι δὲ καὶ τὸ πλεοναχῶς ἐν τοῖς τοιούτοις εἶναι καὶ τὸ ἐνδεχομένως καὶ ἄλλως πως ἔχειν" ["Ademais, são oferecidas múltiplas explicações para essas coisas e se diz que poderia ser também de outro modo"]. Ibidem, II, 86: "Ἀλλὰ ταῦτα γε πλεοναχὴν ἔχει καὶ τῆς γενέσεως αἰτίαν" ["Muito antes, essas coisas se originam de causas múltiplas"]. Ibidem, II, 87: "Πάντα μὲν οὖν γίνεται ἀσείστως ἐπὶ πάντων μετεώρων κατὰ πλεοναχὸν τρόπον. [...] ὅταν τις τὸ πιθανολογούμενον ὑπὲρ αὐτῶν δεόντως καταλίπῃ" ["Tudo acontece inabalavelmente de múltiplas maneiras no que se refere aos fenômenos celestes. [...] Quando se sustentam, o que é necessário, explicações prováveis sobre eles"].

[21] Ibidem, II, 98: "Οἱ δὲ τὸ ἓν λαμβάνοντες τοῖς τε φαινομένοις μάχονται καὶ τοῦ τί δυνατὸν ἀνθρώπῳ θεωρῆσαι διαπεπτώκασιν" ["Porém, os que aceitam uma única explicação contradizem os fenômenos e não logram 'o que é possível ao ser humano contemplar'"]. Ibidem, II, 113: "Τὸ δὲ μίαν αἰτίαν τούτων ἀποδιδόναι πλεοναχῶς τῶν φαινομένων ἐκκαλουμένων μανικὸν καὶ οὐ καθηκόντως πραττόμενον ὑπὸ τῶν τὴν ματαίαν ἀστρολογίαν ἐζηλωκότων καὶ εἰς τὸ κενὸν αἰτίας ἀποδιδόντων, ὅταν

Karl Marx

É preciso manter-se longe do preconceito de que a pesquisa sobre aqueles objetos não seria suficientemente profunda nem sutil, desde que tenha como alvo nossa ataraxia e nossa felicidade[22]. A norma absoluta, em contraposição, é que com uma natureza indestrutível e eterna nada se coaduna que possa perturbar a ataraxia, gerar perigo. A consciência precisa captar que isso é uma lei absoluta[23].

> τὴν θείαν φύσιν μηδαμῇ λειτουργιῶν ἀπολύωσιν" ["Apresentar uma única explicação quando os fenômenos exigem várias é loucura e uma incongruência típica das pessoas à astronomia infundada e dá razões a esmo, quando de modo nenhum libera a natureza divina de seus deveres"]. Ibidem, II, 97: "῎Ετι τε τάξις περιόδου, καθάπερ ἔνια καὶ παρ᾽ ἡμῖν τῶν τυχόντων γίνεται, λαμβανέσθω, καὶ ἡ θεία φύσις πρὸς ταῦτα μηδαμῇ προσαγέσθω, ἀλλὰ ἀλειτούργητος διατηρείσθω, καὶ ἐν τῇ πάσῃ μακαριότητα. Ὡς, εἰ τοῦτο μὴ πραχθήσεται, ἅπασα ἡ τῶν μετεώρων αἰτιολογία ματαία ἔσται, καθάπερ τισὶν ἤδη ἐγίνετο οὐ δυνατοῦ τρόπου ἐφαψαμένοις, εἰς δὲ τὸ μάταιον ἐκπεσοῦσι, τῷ καθ᾽ ἕνα τρόπον μόνον οἴεσθαι γίνεσθαι, τοὺς δὲ ἄλλους ἅπαντας τοὺς κατὰ τὸ ἐνδεχόμενον ἐκβάλλειν εἴς τε τὸ ἀδιανόητον φερομένοις· καὶ τὰ φαινόμενα, ἃ δεῖ σημεῖα ἀποδέχεσθαι, μὴ δυναμένοις συνθεωρεῖν" ["Ademais, a regularidade das órbitas [dos corpos celestes] deve ser entendida de maneira idêntica à da ocorrência de alguns fenômenos de nosso âmbito; em nenhum caso deve adotar-se a natureza divina para explicar essas coisas; pelo contrário, deve-se mantê-la livre de deveres e em perfeita bem-aventurança. Se não agirmos dessa maneira, toda explicação das causas dos fenômenos celestes será sem sentido, como já aconteceu a alguns que não se ativeram ao modo explicativo possível, mas incorreram em um palavrório vão, por crerem que tudo acontece de uma só maneira, e excluíram todas as demais possibilidades explicativas, sendo levados para o impensável e não sendo capazes de considerar os fenômenos [terrenos] em seu conjunto"]. Ibidem, II, 93: "[...] μὴ φοβούμενος τὰς ἀνδραποδώδεις τῶν ἀστρολόγων τεχνητείας" ["[...] sem medo dos artifícios servis dos astrônomos"]. Ibidem, II, 87: "[...] δῆλον, ὅτι ἐκ παντὸς ἐκπίπτει φυσιολογήματος ἐπὶ δὲ τὸν μῦθον καταρρεῖ" ["[...] é evidente que abandonamos o campo do estudo da natureza e resvalamos para dentro do mito"]. Ibidem, II, 80: "Ὥστε [...] αἰτιολογητέον ὑπέρ τε τῶν μετεώρων καὶ παντὸς τοῦ ἀδήλου, καταφρονοῦντας τῶν τόδε μοναχῶς ἔχον ἢ γινόμενον γνωριζόντων, οὔτε τὸ πλεοναχῶς συμβαῖνον κατὰ τὴν ἐκ τῶν ἀποστημάτων φαντασίαν παραδιδόντων, ἔτι τε ἀγνοούντων, καὶ ἐν ποίοις οὐκ ἔστιν ἀταρακτῆσαι" ["Por conseguinte, devemos [...] procurar as causas dos fenômenos celestes e de tudo o que não está claro e não devemos dar importância a quem dá a entender que isso tudo acontece ou vem a existir por uma causa única, retratando aquilo que sucede por causas múltiplas conforme a impressão que obtém a distância e que, além disso, ignora as condições em que a ataraxia não é possível"].

[22] Ibidem, II, 80: "Καὶ οὐ δεῖ νομίζειν, τὴν ὑπὲρ τούτων χρείας πραγματείαν ἀκρίβειαν μὴ ἀπειληφέναι, ὅση πρὸς τὸ ἀτάραχον καὶ μακάριοι ἡμῶν συντείνει" ["Não devemos crer que o exame desse assunto tenha atingido a exatidão e a minuciosidade necessárias para sustentar nossa ataraxia e nossa bem-aventurança"].

[23] Ibidem, II, 78: "[...] ἁπλῶς μὴ εἶναι ἐν ἀφθάρτῳ καὶ μακαρίᾳ φύσει τῶν διάκρισιν ὑποβαλλόντων ἢ τάραχον μηθέν· καὶ τοῦτο καταλαβεῖν τῇ διανοίᾳ ἐστὶν, ἁπλῶς οὕτως εἶναι" ["[...] que simplesmente não há nada em uma essência imperecível e bem-aventurada capaz de provocar divergência ou perturbação; é possível apreender pelo entendimento que isso vale de modo absoluto"].

Diferença entre a filosofia da natureza de Demócrito e a de Epicuro

Epicuro conclui, portanto: *a eternidade dos corpos celestes perturbaria a ataraxia da autoconsciência, e, por isso mesmo, a consequência estrita e necessária é que eles não são eternos.*

Ora, como se deve entender essa concepção peculiar de Epicuro?

Todos os autores que escreveram sobre a filosofia de Epicuro expuseram essa teoria como incoerente com o restante da física, com a teoria dos átomos. A luta contra os estoicos, a superstição e a astrologia seriam razões suficientes para isso.

E nós ouvimos que o próprio Epicuro diferencia o *método* empregado na teoria dos meteoros do método do restante da física. Mas em que determinação de seu princípio reside a necessidade dessa diferenciação? Como lhe ocorre essa ideia?

E ele não ataca só a astrologia, mas a própria astronomia, a lei eterna e a razão inerentes ao sistema celeste. No fim das contas, o antagonismo aos estoicos nada explica. Sua superstição e toda a sua concepção já haviam sido refutadas quando os corpos celestes foram enunciados como complexos contingentes de átomos, e seus processos, como movimentos contingentes destes. Com isso, sua natureza eterna já havia sido aniquilada – Demócrito se contentou em tirar essa consequência daquela premissa[24]. E até sua existência fora suprimida desse modo[25]. Portanto, o atomista não carecia de nenhum método novo.

Mas essa ainda não constitui a dificuldade toda. Uma antinomia ainda mais enigmática se ergue.

O átomo é a matéria na forma da autonomia, da particularidade, algo como a gravidade imaginária. Mas a realidade suprema da gravidade são os corpos celestes. Neles foram resolvidas todas as antinomias entre forma e matéria, entre conceito e existência, que constituíram o desenvolvimento do átomo, neles estão realizadas

---

[24] Cf. Aristóteles, *De coelo*, I, 10.
[25] Idem: "Εἰ δὲ πρότερον, ἐξ ἄλλως ἐχόντων συνέστη ὁ κόσμος, εἰ μὲν ἀεὶ οὕτως ἐχόντων καὶ ἀδυνάτων ἄλλως ἔχειν, οὐκ ἂν ἐγένετο" ["Se o cosmo se compusesse de corpos que no início se comportavam de maneira diferente, e se eles sempre se comportaram assim e não podem se comportar de outra maneira, ele não teria surgido"].

todas as determinações que foram exigidas. Os corpos celestes são eternos e imutáveis; eles têm seu centro de gravidade dentro, e não fora, de si; seu único ato é o movimento e, separados pelo espaço vazio, eles declinam da linha reta, formam um sistema de repulsão e atração, no qual preservam igualmente sua autonomia e acabam gerando, de dentro de si mesmos, o tempo como a forma de sua manifestação. *Os corpos celestes são, portanto, os átomos que se tornaram reais.* Neles, a matéria acolheu em si mesma a particularidade. Nesse ponto, portanto, Epicuro necessariamente vislumbrou a suprema existência de seu princípio, o ponto alto e o ponto final de seu sistema. Ele alegou que estava pondo os átomos como substrato para que a base fosse constituída pelos fundamentos imortais da natureza. Ele alegou que seu interesse maior residia na particularidade substancial da matéria. Porém, onde ele encontra já dada, nos corpos celestes, a realidade de sua natureza – pois ele não sabe de nenhuma outra, além da natureza mecânica –, a matéria autônoma e indestrutível, cuja eternidade e imutabilidade foram provadas pela fé da multidão, pelo juízo da filosofia e pelo testemunho dos sentidos, sua única aspiração é puxá-la para baixo, para a transitoriedade terrena; então, ele se volta com veemência contra os adoradores da natureza autônoma, que possui dentro de si o ponto da particularidade. Essa é sua maior contradição.

Epicuro sente, por conseguinte, que suas categorias anteriores começam a ruir nesse ponto, que o método de sua teoria se torna diferente. E o *conhecimento mais profundo* de seu sistema, a consequência mais compenetrada, é que ele sente isso e o articula conscientemente.

Nós vimos como toda a filosofia da natureza de Epicuro está impregnada da contradição entre essência e existência, entre forma e matéria. *Porém, nos corpos celestes, essa contradição foi apagada*, os fatores antagônicos estão reconciliados. No sistema celeste, a matéria recebeu a forma dentro de si, acolheu a particularidade dentro de si e, assim, alcançou sua autonomia. *Nesse ponto, porém, ela deixa de ser afirmação da autoconsciência abstrata.* No mundo dos átomos, como no mundo da manifestação, a forma lutava com a matéria; uma determinação suprimiu a outra e, justamente *nessa contradição, a autoconsciência individual-abstrata sentiu sua natureza objetivada*. A forma abstrata, que lutava contra a matéria abstrata sob a forma da matéria, era *a própria autoconsciência*. Porém, quando a matéria se reconcilia com a forma e se torna autônoma, a autoconsciência individual se despe de seu disfarce e se proclama como o verdadeiro princípio, hostilizando a natureza que se tornou autônoma.

Sob outro aspecto, isso se expressa da seguinte maneira: ao acolher em si a particularidade, a forma, como é o caso nos corpos celestes, *a matéria deixou de ser particularidade abstrata. Ela se tornou particularidade concreta, universalidade concreta*. Nos meteoros, resplandece, portanto, diante da autoconsciência individual-abstrata, sua refutação tornada objetiva – a existência e a natureza tornadas universais. Ela identifica neles, por conseguinte, seu inimigo mortal. Ela lhes imputa, portanto, como faz Epicuro, toda a angústia e a perplexidade dos seres humanos; porque a angústia e a dissolução do individual-abstrato é justamente o universal. Aqui, o verdadeiro princípio de Epicuro, a autoconsciência individual-abstrata, não pode continuar se ocultando. Ela sai de seu esconderijo e, livre do disfarce material, procura aniquilar a realidade da natureza tornada autônoma por meio da explicação baseada na possibilidade abstrata – o que é possível também pode ser de outro modo; o oposto do possível também é possível. Daí a polêmica contra aqueles que explicam os corpos celestes ἁπλῶς, isto é, de uma só maneira bem determinada; pois o uno é o necessário e autônomo em si. *Portanto, enquanto a natureza, como átomo e manifestação, expressar a autoconsciência individual e sua contradição, a subjetividade desta última aparecerá somente sob a forma da própria matéria; em contraposição, quando se torna autônoma, ela se reflete em si mesma e comparece diante de si mesma em sua própria figura como forma autônoma*.

Era bem previsível que, quando se realizasse, o princípio de Epicuro deixaria de ter realidade para ele. Pois, se fosse posta *realiter* [de modo real] a autoconsciência individual sob a determinidade da natureza ou a natureza sob sua determinidade, sua determinidade, isto é, sua existência, teria cessado, dado que só o universal, na diferença livre em relação a si mesmo, pode ter ciência de sua afirmação.

Karl Marx

Na teoria dos meteoros, aflora, portanto, a alma da filosofia da natureza de Epicuro. Não seria eterno nada que aniquilasse a ataraxia da autoconsciência individual. Os corpos celestes perturbam sua ataraxia, sua igualdade consigo mesma, porque são a universalidade existente, porque neles a natureza se tornou autônoma.

Portanto, o princípio da filosofia epicurista não é a *gastronomia* de *Arquéstrato*, como pensa *Crisipo*[26]; a absolutidade e a liberdade da autoconsciência constituem o princípio da filosofia epicurista, mesmo que a autoconsciência seja apreendida apenas sob a forma da particularidade.

Quando a autoconsciência individual-abstrata é posta como princípio absoluto, toda a ciência verdadeira e real é suprimida, na medida em que a particularidade não reina na natureza das próprias coisas. Assim desaba também tudo o que se comporta de modo transcendente diante da consciência humana e, portanto, pertence ao entendimento imaginador. Em contraposição, quando a autoconsciência, que só tem ciência de si na forma da universalidade abstrata, é alçada à condição de princípio absoluto, escancara-se a porteira para a mística supersticiosa e servil. A comprovação histórica disso se encontra na filosofia estoica. Pois a autoconsciência universal-abstrata tem dentro de si o impulso de afirmar-se nas mesmas coisas em que ela só é afirmada na medida em que as nega.

Por conseguinte, Epicuro é o maior dos iluministas gregos e é digno do louvor de Lucrécio[27]:

Humana ante oculos foede quum vita jaceret,
In terreis oppressa gravi sub relligione,
Quae caput a coeli regionibus ostendebat,
Horribili super aspectu mortalibus instans:

---

[26] Atenágoras, *Deipnosofistae*, III, [p.] 104: "Εἰκότως ἂν ἐπαινέσειεν τὸν καλὸν Χρύσιππον, κατιδόντα ἀκριβῶς τὴν Ἐπικούρου φύσιν, καὶ εἰπόντα, μητρόπολιν εἶναι τῆς φιλοσοφίας αὐτοῦ τὴν Ἀρχεστράτου γαστρολογίαν" ["Com razão se deveria louvar o bravo Crisipo, que identificou com exatidão a natureza de Epicuro, dizendo que a cidade natal de sua filosofia é a *Gastronomia* de Arquéstrato"].

[27] Lucrécio, *De rerum natura*, I, 63-80.

Diferença entre a filosofia da natureza de Demócrito e a de Epicuro

*Primum Grajus homo mortaleis tollere contra
Est oculos ausus, primusque obsistere contra;
Quem nec fama Deum nec fulmina nec minitanti
Murmure compressit coelum. [...]
Quare relligio pedibus subjecta vicissim
Obteritur, nos exaequat victoria coelo.*
[Quando a vida humana à vista de todos foi lançada com infâmia
Em terra, sendo gravemente oprimida pela religião,
Que das regiões celestiais ostentou sua cabeça,
Com a face horripilante instando os mortais:
Um grego foi o primeiro que ousou levantar contra ela
Seus olhos mortais, o primeiro que se atreveu a resistir;
Não o impressionou nem a fábula sobre os deuses
Nem o raio nem o rumor ameaçador do céu. [...]
Por isso, a religião, em troca, foi subjugada
E espezinhada, e a vitória nos alça ao céu.]

A diferença entre a filosofia da natureza de Demócrito e a de Epicuro, que estabelecemos no fim da parte geral, encontrou-se aprofundada e confirmada em todas as esferas da natureza. Por conseguinte, em *Epicuro, a atomística*, com todas as suas contradições como *a ciência natural da autoconsciência*, que é princípio absoluto para si mesma sob a forma da particularidade abstrata, foi elaborada e levada a termo até as últimas consequências, que são sua dissolução e o antagonismo consciente ao universal. Para *Demócrito*, em contraposição, o *átomo* é apenas a *expressão universal objetiva da pesquisa empírica sobre a natureza em geral*. Por conseguinte, para ele, o átomo permanece pura categoria abstrata, uma hipótese, que é o resultado da experiência, e não seu princípio energizador, e que, por isso, não chega à realização nem continua determinando a pesquisa real sobre a natureza.

APÊNDICE

Crítica à polêmica de Plutarco contra a teologia de Epicuro*

---

* Deste apêndice, perderam-se o texto principal e as notas da parte II. A seguir as notas ref. à parte I. (N. E.)

I
A relação entre ser humano e Deus

1. O temor e o ser transcendente

1. Plutarco, *De eo, quod secundum Epicurum non beate vivi possit* (ed. Xylander), t. II, p. 1.100: "Ἀλλὰ περὶ ἡδονῆς μὲν εἴρηται (isto é, ὑπὸ τοῦ Ἐπικούρου) σχεδὸν, ὡς [...] ὁ λόγος αὐτῶν φόβον ἀφαιρεῖ τινα καὶ δεισιδαιμονίαν, εὐφροσύνην δὲ καὶ χαρὰν ἀπὸ τῶν θεῶν οὐκ ἐνδίδωσιν" ["Ora, sobre o prazer, foi dito (isto é, por Epicuro) mais ou menos que [...] o ensino dele de certo modo suprime o medo e a superstição, mas não proporciona contentamento e alegria da parte dos deuses"].

2. [Paul-Henri Dietrich Holbach,] *Système de la nature* [*ou des loix du monde physique et du monde moral*] (Londres, [Par Mirabaud,] 1770), parte 2, p. 9: "*L'idée de ces agents si puissants fut toujours associée à celle de la terreur; leur nom rappela toujours à l'homme ses propres calamités ou celles de ses péres; nous tremblons aujourd'hui, parce que nos aïeux ont tremblé il y a des milliers d'années. L'idée de la Divinité réveille toujours en nous des idées affligeantes [...] nos craintes actuelles et des pensées lugubres s'élèvent dans notre esprit toutes les fois, que nous entendons prononcer son nom*" ["A ideia desses agentes tão poderosos sempre foi associada com a do terror; seu nome sempre lembra ao ser humano suas próprias calamidades ou as de seus pais; nós tememos hoje porque nos fizeram tremer ontem e há milhares de anos. A ideia da Divindade sempre desencadeia em nós ideias aflitivas [...], nossos medos atuais e pensamentos lúgubres são suscitados em nosso espírito todas as vezes que tencionamos pronunciar seu nome"]. Cf. p. 79: "*En fondant*

Karl Marx

la morale sur le caractère peu moral d'un Dieu qui change de conduite, l'homme ne peut jamais savoir à quoi s'en tenir ni sur ce qu'il doit à Dieu, ni sur ce qu'il se doit à lui-même, ni sur ce qu'il doit aux autres. Rien ne fut donc plus dangereux que de lui persuader, qu'il existait un être supérieur à la nature, devant qui la raison devait se taire, à qui, pour être heureux, l'on devait tout sacrifier ici bas" ["Fundando a moral sobre o caráter pouco moral de um Deus que muda de conduta, o ser humano jamais saberá a que se ater nem o que deve a Deus, tampouco o que deve a si mesmo ou o que deve aos outros. Portanto, nada mais perigoso do que persuadi-lo de que existe um ser superior à natureza, diante do qual a razão teria de se calar, diante do qual se deveria sacrificar tudo neste mundo para ser feliz"].

3. Plutarco, *De eo, quod secundum Epicurum non beate vivi possit*, cit., p. 1.101: "Δεδιότες γὰρ ὥςπερ ἄρχοντα χρηστοῖς ἤπιον, ἀπεχθῆ δὲ φαύλοις, ἑνὶ φόβῳ, δι' ὃν οὐ δέουσι πολλῶν ἐλευθερούντων ἐπὶ τὸ ἀδικεῖν, καὶ παρ' αὐτοῖς ἀτρέμα τὴν κακίαν ἔχοντες οἷον ἀπομαραινομένην, ἧττον ταράττονται τῶν χρωμένων αὐτῇ, καὶ τολμώντων, εἶτα εὐθὺς δεδιόντων καὶ μεταμελομένων" ["Pois, por temerem [a Deus] como soberano misericordioso com os bons e hostil aos maus, um medo que os leva a não necessitarem de muitos que os libertem da injustiça, e, deixando como que definhar aos poucos o mal que lhes é próprio, ficam menos perturbados do que aqueles que o praticam e se atrevem, mas logo se atemorizam e se arrependem"].

2. O culto e o indivíduo

4. Plutarco, *De eo, quod secundum Epicurum non beate vivi possit*, cit.: "Ἀλλ' ὅπου μάλιστα δοξάζει καὶ διανοεῖται παρεῖναι τὸν θεόν, ἐκεῖ μάλιστα λύπας καὶ φόβους καὶ τὸ φροντίζειν ἀπωσαμένη (isto é, ἡ ψυχὴ) τῷ ἡδομένῳ μέχρι μέθης καὶ παιδιᾶς καὶ γέλωτος ἀφίησιν ἑαυτὴν ἐν τοῖς ἐρωτικοῖς" ["Muito antes, quanto mais ela (isto é, a alma) crê e imagina que Deus está presente, tanto mais afasta de

si as tristezas, os temores e as preocupações e se entrega à alegria, indo à embriaguez, ao divertimento e ao riso nas coisas do amor"].

5. Plutarco, *De eo, quod secundum Epicurum non beate vivi possit*, cit.

6. Ibidem, p. 1.102: "Οὐ γὰρ οἴνου πλῆθος, οὐδὲ ὄπτησις κρεῶν τὸ εὐφραῖνόν ἐστιν ἐν ταῖς ἑορταῖς, ἀλλὰ καὶ ἐλπὶς ἀγαθὴ καὶ δόξα τοῦ παρεῖναι τὸν θεὸν εὐμενῆ καὶ δέχεσθαι τὰ γενόμενα κεχαρισμένως" ["Pois não é a quantidade de vinho nem o aroma das carnes que provoca a alegria nas festas, mas a alegre esperança e a convicção de que o Deus está presente cheio de bondade e aceita o evento graciosamente"].

3. A providência e o Deus degradado

7. Plutarco, *De eo, quod secundum Epicurum non beate vivi possit*, cit., p. 1.102: "'Εν ἡλίκαις ἡδοναῖς καθαραῖς περὶ θεοῦ δόξης συνόντες, ὡς πάντων μὲν ἡγεμὼν ἀγαθῶν, πάντων δὲ πατὴρ καλῶν ἐκεῖνός ἐστι, καὶ φαῦλον οὐδὲν ποιεῖν αὐτῷ θέμις, ὥσπερ οὐδὲ πάσχειν· ἀγαθὸς γὰρ ἐστι, ἀγαθῷ δὲ περὶ οὐδενὸς ἐγγίνεται φθόνος, οὔτε φόβος, οὔτε ὀργή, οὔτε μῖσος· οὔτε γὰρ θερμοῦ τὸ ψύχειν, ἀλλὰ τὸ θερμαίνειν· ὥσπερ οὐδὲ ἀγαθοῦ τὸ βλάπτειν· ὀργὴ δὲ χάριτος, καὶ χόλος εὐμενείας, καὶ τοῦ φιλανθρώπου καὶ φιλόφρονος τὸ δυσμενὲς καὶ ταρακτικόν, ἀπωτάτω τῇ φύσει τέτακται· τὰ μὲν γὰρ ἀρετῆς καὶ δυνάμεως, τὰ δὲ ἀσθενείας ἐστὶ καὶ φαυλότητος· οὐ τοίνυν ὀργαῖς καὶ χάρισι συνέχεται τὸ θεῖον, ἀλλ' ὅτι μὲν χαρίζεσθαι καὶ βοηθεῖν πέφυκεν, ὀργίζεσθαι δὲ καὶ κακῶς ποιεῖν οὐ πέφυκεν" ["Quanta pura alegria elas [isto é, as pessoas melhores e mais agradáveis a Deus] sentem no que pensam a respeito de Deus, dado que, para elas, ele é o autor de todas as coisas boas, o pai de tudo o que é belo, não podendo fazer nem sofrer nada de mal! Pois ele é bom, e o bom de modo nenhum é acometido de inveja nem medo nem ira, tampouco ódio; pois não é da natureza do calor produzir frio, mas esquentar, nem é da natureza do bem causar dano; mas a ira não está muito distante da misericórdia nem a malignidade está da benignidade, tampouco o

Karl Marx

ressentimento e a malevolência, da humanidade e da benevolência; essas qualidades são marcas de excelência e força, aquelas de debilidade e maldade; consequentemente, o divino não reúne ira e graça em si, mas, por corresponder a sua essência ser gracioso e auxiliar, não corresponde a sua essência irar-se e causar dano"].

8. Idem: "Ἀρά γε δίκης ἑτέρας οἴεσθε [δεῖσθαι] τοὺς ἀναιροῦντας τὴν πρόνοιαν, καὶ οὐχ ἱκανὴν ἔχειν, ἐκκόπτοντας ἑαυτῶν ἡδονὴν καὶ χαρὰν τοσαύτην" ["Porventura [credes que] os que negam a providência necessitam de outro castigo e não têm já o suficiente quando se privam de tal prazer e alegria?"].

9. "Razão *fraca*, no entanto, não é aquela que não toma conhecimento de um deus objetivo, mas aquela que *quer* tomar conhecimento de um" ([Friedrich Wilhelm Josef] Schelling, "Philosophische Briefe über Dogmatismus und Kriticismus", em [*F. W. J. Schelling's*] *Philosophische Schriften* (Landshut, 1809), v. I, p. 127, carta II). De modo geral, seria de recomendar ao sr. Schelling que voltasse a refletir sobre seus primeiros escritos. Assim, consta no escrito sobre o eu como princípio da filosofia: "Supondo, por exemplo, que *Deus*, na medida em que é determinado como objeto, constitui o *fundamento real* de nosso saber, *ele próprio*, na medida em que é objeto, *incide na esfera de nosso saber*, não podendo, portanto, ser para nós o ponto último do qual pende toda a esfera" (["Vom ich als Prinzip der Philosophie oder über das Unbedingte im menschlichen Wissen", em] ibidem, p. 5). Por fim, recordamos ao sr. Schelling as palavras finais de sua carta recém-citada: "*Chegou a hora* de proclamar à *melhor parte* da humanidade a *liberdade do espírito* e *deixar de tolerar que ela fique lamentando a perda de seus grilhões*" ([Friedrich Wilhelm Josef] Schelling, "Philosophische Briefe über Dogmatismus und Kriticismus",] cit., p. 129). Se no ano de 1795* já era hora, quanto mais no ano de 1841?

Aproveitando o ensejo de lembrar aqui um tema que quase se tornou infame, o *das provas da existência de Deus*, dizemos que

---

* Os dois escritos de Schelling citados por Marx foram publicados pela primeira vez em 1795. Os itálicos são de Marx, com exceção da palavra "melhor". (N. E. A.)

Hegel inverteu, isto é, rejeitou todas essas provas teológicas visando a justificá-las. Que tipo de clientes seriam esses, cuja condenação o advogado não logra evitar, exceto matando-os com as próprias mãos? Hegel interpreta, por exemplo, a dedução de Deus a partir do mundo da seguinte forma: "Deus ou o Absoluto existem porque o contingente *não* existe". Só que inversamente a prova teológica tem o seguinte teor: "Deus existe porque o contingente possui ser verdadeiro"*. Deus é a garantia do mundo contingente. Entende-se que, desse modo, o inverso também está posto.

Ou as provas da existência de Deus não passam de *tautologias vazias* – por exemplo, a prova ontológica nada diz além disto: "O que represento para mim como real (*realiter*) é para mim uma representação real" que atua sobre mim, e nesse sentido *todos os deuses*, tanto os pagãos como os cristãos, tiveram existência real. O velho Moloque não reinou? O Apolo de Delfos não constituiu um poder real na vida dos gregos? Nesse ponto, tampouco a crítica de Kant significa algo[1]. Se alguém imaginar que possui cem táleres, se essa representação não for para ele uma qualquer, uma representação subjetiva, se ele acreditar nela, os cem táleres imaginários terão para ele o mesmo valor de cem táleres reais**. Por exemplo, ele contrairá dívidas com base em sua imaginação, e esta *desempenhará o mesmo papel de quando a humanidade inteira contraía dívidas em nome dos seus deuses*. O exemplo de Kant poderia, pelo contrário, ter reforçado a prova ontológica. Táleres reais possuem a mesma existência que deuses imaginários. Um táler real teria existência em outro lugar senão na representação, ainda que geral ou, muito antes, comunitária, das pessoas? Leva o

---

* G. F. W. Hegel, *Vorlesungen über die Philosophie der Religion. Nebst einer Schrift über die Beweise vom Daseyn Gottes* (ed. Philipp Marheineke, 2. ed. rev., Berlim, 1840, Werke, v. 12), v. 12, p. 476-84. (N. E. A.)

[1] Immanuel Kant, *Kritik der reinen Vernunft* (ed. Karl Rosenkranz, Leipzig, 1838, Sämtliche Werke, parte 2), p. 462-70: Von der Unmöglichkeit eines ontologischen Beweises vom Daseyn Gottes. (N. E. A.) [I. Kant, *Crítica da razão pura* (ed. bras.: trad. Valerio Rohden e Udo B. Moosburger, São Paulo, Nova Cultural, 1996), p. 368-73: Da impossibilidade de uma prova ontológica da existência de Deus. (N. T.)]

** Ibidem, p. 467 [ed. bras.: p. 371-2]. (N. E. A.)

papel-moeda para um país onde não se conhece esse uso do papel e cada qual se rirá de tua representação subjetiva. Vai com teus deuses para um país em que vigoram outros deuses e terás a prova de que padeces de imaginações e abstrações. Com razão. Quem tivesse levado um deus eslavo para os gregos antigos teria encontrado a prova da não existência desse deus. Porque para os gregos ele não existia. *O que um país bem determinado foi para deuses estrangeiros bem determinados o país da razão é para o Deus em geral, ou seja, um território em que ele deixa de existir.*

Ou as provas da existência de Deus não passam *de provas da existência da autoconsciência humana essencial, de explicações lógicas desta.* Por exemplo, a prova ontológica. Que ser tem existência imediata ao ser pensado? A autoconsciência.

Nesse sentido, todas as provas da existência de Deus são provas *de sua não existência, refutações* de todas as representações de um deus. As verdadeiras provas deveriam ter, inversamente, o seguinte teor:

"Deus existe porque a natureza está mal instalada";

"Deus existe porque existe um mundo irracional";

"Deus existe porque a ideia não existe". Porém, isso apenas enunciaria que *Deus existe para quem considera o mundo irracional e que, por conseguinte, é ele próprio irracional? Ou que a irracionalidade é a existência de Deus.*

"Se pressupondes a *ideia* de um *Deus objetivo,* como podeis falar de *leis* que a *razão* produz *a partir de si mesma,* dado que a *autonomia* só pode ser atribuída a *um ser absolutamente livre*?" (Schelling, ["Philosophische Briefe über Dogmatismus und Kriticismus",] cit., p. 198).

"É crime contra a humanidade ocultar princípios que podem ser comunicados de maneira geral" (ibidem, p. 199).

[II
A imortalidade individual

1. Sobre o feudalismo religioso. O inferno do povão

2. O anseio dos muitos

3. A arrogância dos eleitos]*

---
* Aqui o manuscrito original se interrompe, não foram preservadas as páginas que davam sequência ao trabalho de Marx. (N. T.)

CRONOLOGIA RESUMIDA DE MARX E ENGELS

	Karl Marx	Friedrich Engels	Fatos históricos
1818	Em Trier (capital da província alemã do Reno), nasce Karl Marx (5 de maio), o segundo de oito filhos de Heinrich Marx e Enriqueta Pressburg. Trier na época era influenciada pelo liberalismo revolucionário francês e pela reação ao Antigo Regime, vinda da Prússia.		Simón Bolívar declara a Venezuela independente da Espanha.
1820		Nasce Friedrich Engels (28 de novembro), primeiro dos oito filhos de Friedrich Engels e Elizabeth Franziska Mauritia van Haar, em Barmen, Alemanha. Cresce no seio de uma família de industriais religiosa e conservadora.	George IV se torna rei da Inglaterra, pondo fim à Regência. Insurreição constitucionalista em Portugal.
1824	O pai de Marx, nascido Hirschel, advogado e conselheiro de Justiça, é obrigado a abandonar o judaísmo por motivos profissionais e políticos (os judeus estavam proibidos de ocupar cargos públicos na Renânia). Marx entra para o Ginásio de Trier (outubro).		Simón Bolívar se torna chefe do Executivo do Peru.
1830	Inicia seus estudos no Liceu Friedrich Wilhelm, em Trier.		Estouram revoluções em diversos países europeus. A população de Paris insurge-se contra a promulgação de leis que dissolvem a Câmara e suprimem a liberdade de imprensa. Luís Filipe assume o poder.
1831			Em 14 de novembro, morre Hegel.
1834		Engels ingressa, em outubro, no Ginásio de Elberfeld.	A escravidão é abolida no Império Britânico. Insurreição operária em Lyon.

Cronologia resumida de Marx e Engels

	Karl Marx	**Friedrich Engels**	**Fatos históricos**
1835	Escreve *Reflexões de um jovem perante a escolha de sua profissão*. Presta exame final de bacharelado em Trier (24 de setembro). Inscreve-se na Universidade de Bonn.		Revolução Farroupilha, no Brasil. O Congresso alemão faz moção contra o movimento de escritores Jovem Alemanha.
1836	Estuda Direito na Universidade de Bonn. Participa do Clube de Poetas e de associações estudantis. No verão, fica noivo em segredo de Jenny von Westphalen, sua vizinha em Trier. Em razão da oposição entre as famílias, casar-se-iam apenas sete anos depois. Matricula-se na Universidade de Berlim.	Na juventude, fica impressionado com a miséria em que vivem os trabalhadores das fábricas de sua família. Escreve *Poema*.	Fracassa o golpe de Luís Napoleão em Estrasburgo. Criação da Liga dos Justos.
1837	Transfere-se para a Universidade de Berlim e estuda com mestres como Gans e Savigny. Escreve *Canções selvagens* e *Transformações*. Em carta ao pai, descreve sua relação contraditória com o hegelianismo, doutrina predominante na época.	Por insistência do pai, Engels deixa o ginásio e começa a trabalhar nos negócios da família. Escreve *História de um pirata*.	A rainha Vitória assume o trono na Inglaterra.
1838	Entra para o Clube dos Doutores, encabeçado por Bruno Bauer. Perde o interesse pelo Direito e entrega-se com paixão ao estudo da Filosofia, o que lhe compromete a saúde. Morre seu pai.	Estuda comércio em Bremen. Começa a escrever ensaios literários e sociopolíticos, poemas e panfletos filosóficos em periódicos como o *Hamburg Journal* e o *Telegraph für Deutschland*, entre eles o poema "O beduíno" (setembro), sobre o espírito da liberdade.	Richard Cobden funda a Anti-Corn-Law-League, na Inglaterra. Proclamação da Carta do Povo, que originou o cartismo.
1839		Escreve o primeiro trabalho de envergadura, *Briefe aus dem Wupperthal* [Cartas de Wuppertal], sobre a vida operária em Barmen e na vizinha Elberfeld (*Telegraph für Deutschland*, primavera). Outros viriam, como *Literatura popular alemã*, *Karl Beck* e *Memorabilia de Immermann*. Estuda a filosofia de Hegel.	Feuerbach publica *Zur Kritik der Hegelschen Philosophie* [Crítica da filosofia hegeliana]. Primeira proibição do trabalho de menores na Prússia. Auguste Blanqui lidera o frustrado levante de maio, na França.
1840	K. F. Koeppen dedica a Marx seu estudo *Friedrich der Grosse und seine Widersacher* [Frederico, o Grande, e seus adversários].	Engels publica *Réquiem para o Aldeszeitung alemão* (abril), *Vida literária moderna*, no *Mitternachtzeitung* (março-maio) e *Cidade natal de Siegfried* (dezembro).	Proudhon publica *O que é a propriedade?* [Qu'est-ce que la propriété?].
1841	Com uma tese sobre as diferenças entre as filosofias de Demócrito e Epicuro, Marx recebe em Iena o título de doutor em Filosofia (15 de abril). Volta a Trier. Bruno Bauer, acusado de ateísmo, é expulso da cátedra de Teologia da Universidade de Bonn e, com isso, Marx perde a oportunidade de atuar como docente nessa universidade.	Publica *Ernst Moritz Arndt*. Seu pai o obriga a deixar a escola de comércio para dirigir os negócios da família. Engels prosseguiria sozinho seus estudos de filosofia, religião, literatura e política. Presta o serviço militar em Berlim por um ano. Frequenta a Universidade de Berlim como ouvinte e conhece os jovens hegelianos. Critica	Feuerbach traz a público *A essência do cristianismo* [*Das Wesen des Christentums*]. Primeira lei trabalhista na França.

Diferença entre a filosofia da natureza de Demócrito e a de Epicuro

	Karl Marx	Friedrich Engels	Fatos históricos
		intensamente o conservadorismo na figura de Schelling, com os escritos *Schelling em Hegel*, *Schelling e a revelação* e *Schelling, filósofo em Cristo*.	
1842	Elabora seus primeiros trabalhos como publicista. Começa a colaborar com o jornal *Rheinische Zeitung* [Gazeta Renana], publicação da burguesia em Colônia, do qual mais tarde seria redator. Conhece Engels, que na ocasião visitava o jornal.	Em Manchester, assume a fiação do pai, a Ermen & Engels. Conhece Mary Burns, jovem trabalhadora irlandesa, que viveria com ele até a morte dela. Mary e a irmã Lizzie mostram a Engels as dificuldades da vida operária, e ele inicia estudos sobre os efeitos do capitalismo no operariado inglês. Publica artigos no *Rheinische Zeitung*, entre eles "Crítica às leis de imprensa prussianas" e "Centralização e liberdade".	Eugène Sue publica *Os mistérios de Paris*. Feuerbach publica *Vorläufige Thesen zur Reform der Philosophie* [Teses provisórias para uma reforma da filosofia]. O Ashley's Act proíbe o trabalho de menores e mulheres em minas na Inglaterra.
1843	Sob o regime prussiano, é fechado o *Rheinische Zeitung*. Marx casa-se com Jenny von Westphalen. Recusa convite do governo prussiano para ser redator no diário oficial. Passa a lua de mel em Kreuznach, onde se dedica ao estudo de diversos autores, com destaque para Hegel. Redige os manuscritos que viriam a ser conhecidos como *Crítica da filosofia do direito de Hegel* [*Zur Kritik der Hegelschen Rechtsphilosophie*]. Em outubro vai a Paris, onde Moses Hess e George Herwegh o apresentam às sociedades secretas socialistas e comunistas e às associações operárias alemãs. Conclui *Sobre a questão judaica* [*Zur Judenfrage*]. Substitui Arnold Ruge na direção dos *Deutsch-Französische Jahrbücher* [Anais Franco-Alemães]. Em dezembro inicia grande amizade com Heinrich Heine e conclui sua "Crítica da filosofia do direito de Hegel – Introdução" [*Zur Kritik der Hegelschen Rechtsphilosophie – Einleitung*].	Engels escreve, com Edgar Bauer, o poema satírico "Como a Bíblia escapa milagrosamente a um atentado impudente, ou o triunfo da fé", contra o obscurantismo religioso. O jornal *Schweuzerisher Republicaner* publica suas "Cartas de Londres". Em Bradford, conhece o poeta G. Weerth. Começa a escrever para a imprensa cartista. Mantém contato com a Liga dos Justos. Ao longo desse período, suas cartas à irmã favorita, Marie, revelam seu amor pela natureza e por música, livros, pintura, viagens, esporte, vinho, cerveja e tabaco.	Feuerbach publica *Grundsätze der Philosophie der Zukunft* [Princípios da filosofia do futuro].
1844	Em colaboração com Arnold Ruge, elabora e publica o primeiro e único volume dos *Deutsch-Französische Jahrbücher*, no qual participa com dois artigos: "A questão judaica" e "Introdução a uma crítica da filosofia do direito de Hegel". Escreve os *Manuscritos econômico-filosóficos* [*Ökonomisch-philosophische Manuskripte*]. Colabora com o *Vorwärts!* [Avante!], órgão de imprensa dos operários alemães na emigração. Conhece a Liga dos Justos, fundada por Weitling. Amigo de Heine, Leroux, Blanqui, Proudhon e Bakunin, inicia em Paris estreita	Em fevereiro, Engels publica *Esboço para uma crítica da economia política* [*Umrisse zu einer Kritik der Nationalökonomie*], texto que influenciou profundamente Marx. Segue à frente dos negócios do pai, escreve para os *Deutsch-Französische Jahrbücher* e colabora com o jornal *Vorwärts!*. Deixa Manchester. Em Paris, torna-se amigo de Marx, com quem desenvolve atividades militantes, o que os leva a criar laços cada vez mais profundos com as organizações de trabalhadores de Paris e Bruxelas. Vai para Barmen.	O Graham's Factory Act regula o horário de trabalho para menores e mulheres na Inglaterra. Fundado o primeiro sindicato operário na Alemanha. Insurreição de operários têxteis na Silésia e na Boêmia.

Cronologia resumida de Marx e Engels

	Karl Marx	Friedrich Engels	Fatos históricos
	amizade com Engels. Nasce Jenny, primeira filha de Marx. Rompe com Ruge e desliga-se dos *Deutsch-Französische Jahrbücher*. O governo decreta a prisão de Marx, Ruge, Heine e Bernays pela colaboração nos *Deutsch--Französische Jahrbücher*. Encontra Engels em Paris e em dez dias planejam seu primeiro trabalho juntos, *A sagrada família* [*Die heilige Familie*]. Marx publica no *Vorwärts!* artigo sobre a greve na Silésia.		
1845	Por causa do artigo sobre a greve na Silésia, a pedido do governo prussiano Marx é expulso da França, juntamente com Bakunin, Bürgers e Bornstedt. Muda-se para Bruxelas e, em colaboração com Engels, escreve e publica em Frankfurt *A sagrada família*. Ambos começam a escrever *A ideologia alemã* [*Die deutsche Ideologie*], e Marx elabora "As teses sobre Feuerbach" [*Thesen über Feuerbach*]. Em setembro, nasce Laura, segunda filha de Marx e Jenny. Em dezembro, ele renuncia à nacionalidade prussiana.	As observações de Engels sobre a classe trabalhadora de Manchester, feitas anos antes, formam a base de uma de suas obras principais, *A situação da classe trabalhadora na Inglaterra* [*Die Lage der arbeitenden Klasse in England*] (publicada primeiramente em alemão; a edição seria traduzida para o inglês 40 anos mais tarde). Em Barmen, organiza debates sobre as ideias comunistas com Hess e profere os *Discursos de Elberfeld*. Em abril sai de Barmen e encontra Marx em Bruxelas. Juntos, estudam economia e fazem uma breve visita a Manchester (julho e agosto), onde percorrem alguns jornais locais, como o *Manchester Guardian* e o *Volunteer Journal for Lancashire and Cheshire*. É lançada *A situação da classe trabalhadora na Inglaterra*, em Leipzig. Começa sua vida em comum com Mary Burns.	Criada a organização internacionalista Democratas Fraternais, em Londres. Richard M. Hoe registra a patente da primeira prensa rotativa moderna.
1846	Marx e Engels organizam em Bruxelas o primeiro Comitê de Correspondência da Liga dos Justos, uma rede de correspondentes comunistas em diversos países, a qual Proudhon se nega a integrar. Em carta a Annenkov, Marx critica o recém-publicado *Sistema das contradições econômicas ou Filosofia da miséria* [*Système des contradictions économiques ou Philosophie de la misère*], de Proudhon. Redige com Engels a *Zirkular gegen Kriege* [*Circular contra Kriege*], crítica a um alemão emigrado dono de um periódico socialista em Nova York. Por falta de editor, Marx e Engels desistem de publicar *A ideologia alemã* (a obra só seria publicada em 1932, na União Soviética). Em dezembro, nasce Edgar, o terceiro filho de Marx.	Seguindo instruções do Comitê de Bruxelas, Engels estabelece estreitos contatos com socialistas e comunistas franceses. No outono, ele se desloca para Paris com a incumbência de estabelecer novos comitês de correspondência. Participa de um encontro de trabalhadores alemães em Paris, propagando ideias comunistas e discorrendo sobre a utopia de Proudhon e o socialismo real de Karl Grün.	Os Estados Unidos declaram guerra ao México. Rebelião polonesa em Cracóvia. Crise alimentar na Europa. Abolidas, na Inglaterra, as "leis dos cereais".

Diferença entre a filosofia da natureza de Demócrito e a de Epicuro

	Karl Marx	**Friedrich Engels**	**Fatos históricos**
1847	Filia-se à Liga dos Justos, em seguida nomeada Liga dos Comunistas. Realiza-se o primeiro congresso da associação em Londres (junho), ocasião em que se encomenda a Marx e Engels um manifesto dos comunistas. Eles participam do congresso de trabalhadores alemães em Bruxelas e, juntos, fundam a Associação Operária Alemã de Bruxelas. Marx é eleito vice-presidente da Associação Democrática. Conclui e publica a edição francesa de *Miséria da filosofia* [*Misère de la philosophie*] (Bruxelas, julho).	Engels viaja a Londres e participa com Marx do I Congresso da Liga dos Justos. Publica *Princípios do comunismo* [*Grundsätze des Kommunismus*], uma "versão preliminar" do *Manifesto Comunista* [*Manifest der Kommunistischen Partei*]. Em Bruxelas, com Marx, participa da reunião da Associação Democrática, voltando em seguida a Paris para mais uma série de encontros. Depois de atividades em Londres, volta a Bruxelas e escreve, com Marx, o *Manifesto Comunista*.	A Polônia torna-se província russa. Guerra civil na Suíça. Realiza-se em Londres o II Congresso da Liga dos Comunistas (novembro).
1848	Marx discursa sobre o livre-cambismo numa das reuniões da Associação Democrática. Com Engels publica, em Londres (fevereiro), o *Manifesto Comunista*. O governo revolucionário francês, por meio de Ferdinand Flocon, convida Marx a morar em Paris após o governo belga expulsá-lo de Bruxelas. Redige com Engels "Reivindicações do Partido Comunista da Alemanha" [*Forderungen der Kommunistischen Partei in Deutschland*] e organiza o regresso dos membros alemães da Liga dos Comunistas à pátria. Com sua família e com Engels, muda-se em fins de maio para Colônia, onde ambos fundam o jornal *Neue Rheinische Zeitung* [Nova Gazeta Renana], cuja primeira edição é publicada em 1º de junho, com o subtítulo *Organ der Demokratie*. Marx começa a dirigir a Associação Operária de Colônia e acusa a burguesia alemã de traição. Proclama o terrorismo revolucionário como único meio de amenizar "as dores de parto" da nova sociedade. Conclama ao boicote fiscal e à resistência armada.	Expulso da França por suas atividades políticas, chega a Bruxelas no fim de janeiro. Juntamente com Marx, toma parte na insurreição alemã, de cuja derrota falaria quatro anos depois em *Revolução e contrarrevolução na Alemanha* [*Revolution und Konterevolution in Deutschland*]. Engels exerce o cargo de editor do *Neue Rheinische Zeitung*, recém-criado por ele e Marx. Participa, em setembro, do Comitê de Segurança Pública criado para rechaçar a contrarrevolução, durante grande ato popular promovido pelo *Neue Rheinische Zeitung*. O periódico sofre suspensões, mas prossegue ativo. Procurado pela polícia, tenta se exilar na Bélgica, onde é preso e depois expulso. Muda-se para a Suíça.	Definida, na Inglaterra, a jornada de dez horas para menores e mulheres na indústria têxtil. Criada a Associação Operária, em Berlim. Fim da escravidão na Áustria. Abolição da escravidão nas colônias francesas. Barricadas em Paris: eclode a revolução; o rei Luís Filipe abdica e a República é proclamada. A revolução se alastra pela Europa. Em junho, Blanqui lidera novas insurreições operárias em Paris, brutalmente reprimidas pelo general Cavaignac. Decretado estado de sítio em Colônia em reação a protestos populares. O movimento revolucionário reflui.
1849	Marx e Engels são absolvidos em processo por participação nos distúrbios de Colônia (ataques a autoridades publicados no *Neue Rheinische Zeitung*). Ambos defendem a liberdade de imprensa na Alemanha. Marx é convidado a deixar o país, mas ainda publicaria *Trabalho assalariado e capital* [*Lohnarbeit und Kapital*]. O periódico, em difícil situação, é extinto (maio). Marx, em condição financeira precária (vende os próprios móveis para pagar as dívidas), tenta voltar a Paris, mas,	Em janeiro, Engels retorna a Colônia. Em maio, toma parte militarmente na resistência à reação. À frente de um batalhão de operários, entra em Elberfeld, motivo pelo qual sofre sanções legais por parte das autoridades prussianas, enquanto Marx é convidado a deixar o país. É publicado o último número do *Neue Rheinische Zeitung*. Marx e Engels vão para o sudoeste da Alemanha, onde Engels envolve-se no levante de Baden-Palatinado, antes de seguir para Londres.	Proudhon publica *Les confessions d'un révolutionnaire* [As confissões de um revolucionário]. A Hungria proclama sua independência da Áustria. Após período de refluxo, reorganiza-se no fim do ano, em Londres, o Comitê Central da Liga dos Comunistas, com a participação de Marx e Engels.

141

Cronologia resumida de Marx e Engels

	Karl Marx	**Friedrich Engels**	**Fatos históricos**
	impedido de ficar, é obrigado a deixar a cidade em 24 horas. Graças a uma campanha de arrecadação de fundos promovida por Ferdinand Lassalle na Alemanha, Marx se estabelece com a família em Londres, onde nasce Guido, seu quarto filho (novembro).		
1850	Ainda em dificuldades financeiras, organiza a ajuda aos emigrados alemães. A Liga dos Comunistas reorganiza as sessões locais e é fundada a Sociedade Universal dos Comunistas Revolucionários, cuja liderança logo se fraciona. Edita em Londres a *Neue Rheinische Zeitung* [Nova Gazeta Renana], revista de economia política, bem como *Lutas de classe na França* [*Die Klassenkämpfe in Frankreich*]. Morre o filho Guido.	Publica *A guerra dos camponeses na Alemanha* [*Der deutsche Bauernkrieg*]. Em novembro, retorna a Manchester, onde viverá por vinte anos, e às suas atividades na Ermen & Engels; o êxito nos negócios possibilita ajudas financeiras a Marx.	Abolição do sufrágio universal na França.
1851	Continua em dificuldades, mas, graças ao êxito dos negócios de Engels em Manchester, conta com ajuda financeira. Dedica-se intensamente aos estudos de economia na biblioteca do Museu Britânico. Aceita o convite de trabalho do *New York Daily Tribune*, mas é Engels quem envia os primeiros textos, intitulados "Contrarrevolução na Alemanha", publicados sob a assinatura de Marx. Hermann Becker publica em Colônia o primeiro e único tomo dos *Ensaios escolhidos de Marx*. Nasce Francisca (28 de março), a quinta de seus filhos.	Engels, ao lado de Marx, começa a colaborar com o Movimento Cartista [Chartist Movement]. Estuda língua, história e literatura eslava e russa.	Na França, golpe de Estado de Luís Bonaparte. Realização da primeira Exposição Universal, em Londres.
1852	Envia ao periódico *Die Revolution*, de Nova York, uma série de artigos sobre *O 18 de brumário de Luís Bonaparte* [*Der achtzehnte Brumaire des Louis Bonaparte*]. Sua proposta de dissolução da Liga dos Comunistas é acolhida. A difícil situação financeira é amenizada com o trabalho para o *New York Daily Tribune*. Morre a filha Francisca, nascida um ano antes.	Publica *Revolução e contrarrevolução na Alemanha* [*Revolution und Konterevolution in Deutschland*]. Com Marx, elabora o panfleto *O grande homem do exílio* [*Die grossen Männer des Exils*] e uma obra, hoje desaparecida, chamada *Os grandes homens oficiais da Emigração*; nela, atacam os dirigentes burgueses da emigração em Londres e defendem os revolucionários de 1848-1849. Expõem, em cartas e artigos conjuntos, os planos do governo, da polícia e do judiciário prussianos, textos que teriam grande repercussão.	Luís Bonaparte é proclamado imperador da França, com o título de Napoleão Bonaparte III.
1853	Marx escreve, tanto para o *New York Daily Tribune* quanto para o *People's Paper*, inúmeros artigos sobre temas da época. Sua precária saúde o impede de voltar aos	Escreve artigos para o *New York Daily Tribune*. Estuda persa e a história dos países orientais. Publica, com Marx, artigos sobre a Guerra da Crimeia.	A Prússia proíbe o trabalho para menores de 12 anos.

Diferença entre a filosofia da natureza de Demócrito e a de Epicuro

	Karl Marx	**Friedrich Engels**	**Fatos históricos**
	estudos econômicos interrompidos no ano anterior, o que faria somente em 1857. Retoma a correspondência com Lassalle.		
1854	Continua colaborando com o *New York Daily Tribune*, dessa vez com artigos sobre a revolução espanhola.		
1855	Começa a escrever para o *Neue Oder Zeitung*, de Breslau, e segue como colaborador do *New York Daily Tribune*. Em 16 de janeiro, nasce Eleanor, sua sexta filha, e em 6 de abril morre Edgar, o terceiro.	Escreve uma série de artigos para o periódico *Putman*.	Morte de Nicolau I, na Rússia, e ascensão do czar Alexandre II.
1856	Ganha a vida redigindo artigos para jornais. Discursa sobre o progresso técnico e a revolução proletária em uma festa do *People's Paper*. Estuda a história e a civilização dos povos eslavos. A esposa Jenny recebe uma herança da mãe, o que permite que a família se mude para um apartamento mais confortável.	Acompanhado da mulher, Mary Burns, Engels visita a terra natal dela, a Irlanda.	Morrem Max Stirner e Heinrich Heine. Guerra franco-inglesa contra a China.
1857	Retoma os estudos sobre economia política, por considerar iminente uma nova crise econômica europeia. Fica no Museu Britânico das nove da manhã às sete da noite e trabalha madrugada adentro. Só descansa quando adoece e aos domingos, nos passeios com a família em Hampstead. O médico o proíbe de trabalhar à noite. Começa a redigir os manuscritos que viriam a ser conhecidos como *Grundrisse der Kritik der Politischen Ökonomie* [Esboços de uma crítica da economia política], e que servirão de base à obra *Para a crítica da economia política* [*Zur Kritik der Politischen Ökonomie*]. Escreve a célebre *Introdução de 1857*. Continua a colaborar no *New York Daily Tribune*. Escreve artigos sobre Jean-Baptiste Bernadotte, Simón Bolívar, Gebhard Blücher e outros na *New American Encyclopaedia* [Nova Enciclopédia Americana]. Atravessa um novo período de dificuldades financeiras e tem um novo filho, natimorto.	Adoece gravemente em maio. Analisa a situação no Oriente Médio, estuda a questão eslava e aprofunda suas reflexões sobre temas militares. Sua contribuição para a *New American Encyclopaedia* [Nova Enciclopédia Americana], versando sobre as guerras, faz de Engels um continuador de Von Clausewitz e um precursor de Lenin e Mao Tsé-Tung. Continua trocando cartas com Marx, discorrendo sobre a crise na Europa e nos Estados Unidos.	O divórcio, sem necessidade de aprovação parlamentar, se torna legal na Inglaterra.
1858	O *New York Daily Tribune* deixa de publicar alguns de seus artigos. Marx dedica-se à leitura de *Ciência da lógica* [*Wissenschaft der Logik*] de Hegel. Agravam-se os problemas de saúde e a penúria.	Engels dedica-se ao estudo das ciências naturais.	Morre Robert Owen.

Cronologia resumida de Marx e Engels

	Karl Marx	**Friedrich Engels**	**Fatos históricos**
1859	Publica em Berlim *Para a crítica da economia política*. A obra só não fora publicada antes porque não havia dinheiro para postar o original. Marx comentaria: "Seguramente é a primeira vez que alguém escreve sobre o dinheiro com tanta falta dele". O livro, muito esperado, foi um fracasso. Nem seus companheiros mais entusiastas, como Liebknecht e Lassalle, o compreenderam. Escreve mais artigos no *New York Daily Tribune*. Começa a colaborar com o periódico londrino *Das Volk*, contra o grupo de Edgar Bauer. Marx polemiza com Karl Vogt (a quem acusa de ser subsidiado pelo bonapartismo), Blind e Freiligrath.	Faz uma análise, com Marx, da teoria revolucionária e suas táticas, publicada em coluna do *Das Volk*. Escreve o artigo "Po und Rhein" [Pó e Reno], em que analisa o bonapartismo e as lutas liberais na Alemanha e na Itália. Enquanto isso, estuda gótico e inglês arcaico. Em dezembro, lê o recém--publicado *A origem das espécies* [*The Origin of Species*], de Darwin.	A França declara guerra à Áustria.
1860	Vogt começa uma série de calúnias contra Marx, e as querelas chegam aos tribunais de Berlim e Londres. Marx escreve *Herr Vogt* [Senhor Vogt]. Marx escreve *Herr Vogt* [Senhor Vogt].	Engels vai a Barmen para o sepultamento de seu pai (20 de março). Publica a brochura *Savoia, Nice e o Reno* [*Savoyen, Nizza und der Rhein*], polemizando com Lassalle. Continua escrevendo para vários periódicos, entre eles o *Allgemeine Militar Zeitung*. Contribui com artigos sobre o conflito de secessão nos Estados Unidos no *New York Daily Tribune* e no jornal liberal *Die Presse*.	Giuseppe Garibaldi toma Palermo e Nápoles.
1861	Enfermo e depauperado, Marx vai à Holanda, onde o tio Lion Philiph concorda em adiantar-lhe uma quantia, por conta da herança de sua mãe. Volta a Berlim e projeta com Lassalle um novo periódico. Reencontra velhos amigos e visita a mãe em Trier. Não consegue recuperar a nacionalidade prussiana. Regressa a Londres e participa de uma ação em favor da libertação de Blanqui. Retoma seus trabalhos científicos e a colaboração com o *New York Daily Tribune* e o *Die Presse* de Viena.		Guerra civil norte--americana. Abolição da servidão na Rússia.
1862	Trabalha o ano inteiro em sua obra científica e encontra-se várias vezes com Lassalle para discutirem seus projetos. Em suas cartas a Engels, desenvolve uma crítica à teoria ricardiana sobre a renda da terra. O *New York Daily Tribune*, justificando-se com a situação econômica interna norte-americana, dispensa os serviços de Marx, o que reduz ainda mais seus rendimentos. Viaja à Holanda e a Trier, e novas		Nos Estados Unidos, Lincoln decreta a abolição da escravatura. O escritor Victor Hugo publica *Les misérables* [Os miseráveis].

Diferença entre a filosofia da natureza de Demócrito e a de Epicuro

	Karl Marx	Friedrich Engels	Fatos históricos
	solicitações ao tio e à mãe são negadas. De volta a Londres, tenta um cargo de escrevente da ferrovia, mas é reprovado por causa da caligrafia.		
1863	Marx continua seus estudos no Museu Britânico e se dedica também à matemática. Começa a redação definitiva de *O capital* [*Das Kapital*] e participa de ações pela independência da Polônia. Morre sua mãe (novembro), deixando-lhe algum dinheiro como herança.	Morre, em Manchester, Mary Burns, companheira de Engels (6 de janeiro). Ele permaneceria morando com a cunhada Lizzie. Esboça, mas não conclui um texto sobre rebeliões camponesas.	
1864	Malgrado a saúde, continua a trabalhar em sua obra científica. É convidado a substituir Lassalle (morto em duelo) na Associação Geral dos Operários Alemães. O cargo, entretanto, é ocupado por Becker. Apresenta o projeto e o estatuto de uma Associação Internacional dos Trabalhadores, durante encontro internacional no Saint Martin's Hall de Londres. Marx elabora o "Manifesto de Inauguração da Associação Internacional dos Trabalhadores".	Engels participa da fundação da Associação Internacional dos Trabalhadores, depois conhecida como a Primeira Internacional. Torna-se coproprietário da Ermen & Engels. No segundo semestre, contribui, com Marx, para o *Sozial-Demokrat*, periódico da social-democracia alemã que populariza as ideias da Internacional na Alemanha.	Dühring traz a público seu *Kapital und Arbeit* [Capital e trabalho]. Fundação, na Inglaterra, da Associação Internacional dos Trabalhadores. É reconhecido o direito a férias na França. Morre Wilhelm Wolff, amigo íntimo de Marx, a quem é dedicado *O capital*.
1865	Conclui a primeira redação de *O capital* e participa do Conselho Central da Internacional (setembro), em Londres. Marx escreve *Salário, preço e lucro* [*Lohn, Preis und Profit*]. Publica no *Sozial-Demokrat* uma biografia de Proudhon, morto recentemente. Conhece o socialista francês Paul Lafargue, seu futuro genro.	Recebe Marx em Manchester. Ambos rompem com Schweitzer, diretor do *Sozial-Demokrat*, por sua orientação lassalliana. Suas conversas sobre o movimento da classe trabalhadora na Alemanha resultam em um artigo para a imprensa. Engels publica *A questão militar na Prússia e o Partido Operário Alemão* [*Die preussische Militärfrage und die deutsche Arbeiterpartei*].	Assassinato de Lincoln. Proudhon publica *De la capacité politique des classes ouvrières* [A capacidade política das classes operárias]. Morre Proudhon.
1866	Apesar dos intermináveis problemas financeiros e de saúde, Marx conclui a redação do Livro I de *O capital*. Prepara a pauta do primeiro Congresso da Internacional e as teses do Conselho Central. Pronuncia discurso sobre a situação na Polônia.	Escreve a Marx sobre os trabalhadores emigrados da Alemanha e pede a intervenção do Conselho Geral da Internacional.	Na Bélgica, é reconhecido o direito de associação e a férias. Fome na Rússia.
1867	O editor Otto Meissner publica, em Hamburgo, o primeiro volume de *O capital*. Os problemas de Marx o impedem de prosseguir no projeto. Redige instruções para Wilhelm Liebknecht, recém-ingressado na Dieta prussiana como representante social-democrata.	Engels estreita relações com os revolucionários alemães, especialmente Liebknecht e Bebel. Envia carta de congratulações a Marx pela publicação do Livro I de *O capital*. Estuda as novas descobertas da química e escreve artigos e matérias sobre *O capital*, com fins de divulgação.	

Cronologia resumida de Marx e Engels

	Karl Marx	Friedrich Engels	Fatos históricos
1868	Piora o estado de saúde de Marx, e Engels continua ajudando-o financeiramente. Marx elabora estudos sobre as formas primitivas de propriedade comunal, em especial sobre o *mir* russo. Corresponde-se com o russo Danielson e lê Dühring. Bakunin se declara discípulo de Marx e funda a Aliança Internacional da Social-Democracia. Casamento da filha Laura com Lafargue.	Engels elabora uma sinopse do Livro I de *O capital*.	Em Bruxelas, acontece o Congresso da Associação Internacional dos Trabalhadores (setembro).
1869	Liebknecht e Bebel fundam o Partido Operário Social-Democrata alemão, de linha marxista. Marx, fugindo das polícias da Europa continental, passa a viver em Londres com a família, na mais absoluta miséria. Continua os trabalhos para o segundo livro de *O capital*. Vai a Paris sob nome falso, onde permanece algum tempo na casa de Laura e Lafargue. Mais tarde, acompanhado da filha Jenny, visita Kugelmann em Hannover. Estuda russo e a história da Irlanda. Corresponde-se com De Paepe sobre o proudhonismo e concede uma entrevista ao sindicalista Haman sobre a importância da organização dos trabalhadores.	Em Manchester, dissolve a empresa Ermen & Engels, que havia assumido após a morte do pai. Com um soldo anual de 350 libras, auxilia Marx e sua família. Mantém intensa correspondência com Marx. Começa a contribuir com o *Volksstaat*, o órgão de imprensa do Partido Social-Democrata alemão. Escreve uma pequena biografia de Marx, publicada no *Die Zukunft* (julho). É lançada a primeira edição russa do *Manifesto Comunista*. Em setembro, acompanhado de Lizzie, Marx e Eleanor, visita a Irlanda.	Fundação do Partido Social-Democrata alemão. Congresso da Primeira Internacional na Basileia, Suíça.
1870	Continua interessado na situação russa e em seu movimento revolucionário. Em Genebra, instala-se uma seção russa da Internacional, na qual se acentua a oposição entre Bakunin e Marx, que redige e distribui uma circular confidencial sobre as atividades dos bakunistas e sua aliança. Redige o primeiro comunicado da Internacional sobre a guerra franco-prussiana e exerce, a partir do Conselho Central, uma grande atividade em favor da República francesa. Por meio de Serrailler, envia instruções para os membros da Internacional presos em Paris. A filha Jenny colabora com Marx em artigos para *A Marselhesa* sobre a repressão dos irlandeses por policiais britânicos.	Engels escreve *História da Irlanda* [*Die Geschichte Irlands*]. Começa a colaborar com o periódico inglês *Pall Mall Gazette*, discorrendo sobre a guerra franco-prussiana. Deixa Manchester em setembro, acompanhado de Lizzie, e instala-se em Londres para promover a causa comunista. Lá, continua escrevendo para o *Pall Mall Gazette*, dessa vez sobre o desenvolvimento das oposições. É eleito por unanimidade para o Conselho Geral da Primeira Internacional. O contato com o mundo do trabalho permitiu a Engels analisar, em profundidade, as formas de desenvolvimento do modo de produção capitalista. Suas conclusões seriam utilizadas por Marx em *O capital*.	Na França, são presos membros da Internacional Comunista. Em 22 de abril, nasce Vladimir Lenin.
1871	Atua na Internacional em prol da Comuna de Paris. Instrui Frankel e Varlin e redige o folheto *Der Bürgerkrieg in Frankreich* [*A guerra civil na França*]. É violentamente atacado pela imprensa conservadora. Em setembro, durante a Internacional em Londres, é	Prossegue suas atividades no Conselho Geral e atua junto à Comuna de Paris, que instaura um governo operário na capital francesa entre 26 de março e 28 de maio. Participa com Marx da Conferência de Londres da Internacional.	A Comuna de Paris, instaurada após a revolução vitoriosa do proletariado, é brutalmente reprimida pelo governo francês. Legalização das trade unions na Inglaterra.

Diferença entre a filosofia da natureza de Demócrito e a de Epicuro

	Karl Marx	Friedrich Engels	Fatos históricos
	reeleito secretário da seção russa. Revisa o Livro I de *O capital* para a segunda edição alemã.		
1872	Acerta a primeira edição francesa de *O capital* e recebe exemplares da primeira edição russa, lançada em 27 de março. Participa dos preparativos do V Congresso da Internacional em Haia, quando se decide a transferência do Conselho Geral da organização para Nova York. Jenny, a filha mais velha, casa-se com o socialista Charles Longuet.	Redige com Marx uma circular confidencial sobre supostos conflitos internos da Internacional, envolvendo bakunistas na Suíça, intitulado *As pretensas cisões na Internacional* [*Die angeblichen Spaltungen in der Internationale*]. Ambos intervêm contra o lassalianismo na social-democracia alemã e escrevem um prefácio para a nova edição alemã do *Manifesto Comunista*. Engels participa do Congresso da Associação Internacional dos Trabalhadores.	Morrem Ludwig Feuerbach e Bruno Bauer. Bakunin é expulso da Internacional no Congresso de Haia.
1873	Impressa a segunda edição de *O capital* em Hamburgo. Marx envia exemplares a Darwin e Spencer. Por ordens de seu médico, é proibido de realizar qualquer tipo de trabalho.	Com Marx, escreve para periódicos italianos uma série de artigos sobre as teorias anarquistas e o movimento das classes trabalhadoras.	Morre Napoleão III. As tropas alemãs se retiram da França.
1874	É negada a Marx a cidadania inglesa, "por não ter sido fiel ao rei". Com a filha Eleanor, viaja a Karlsbad para tratar da saúde numa estação de águas.	Prepara a terceira edição de *A guerra dos camponeses alemães*.	Na França, são nomeados inspetores de fábricas e é proibido o trabalho em minas para mulheres e menores.
1875	Continua seus estudos sobre a Rússia. Redige observações ao Programa de Gotha, da social-democracia alemã.	Por iniciativa de Engels, é publicada *Crítica do Programa de Gotha* [*Kritik des Gothaer Programms*], de Marx.	Morre Moses Hess.
1876	Continua o estudo sobre as formas primitivas de propriedade na Rússia. Volta com Eleanor a Karlsbad para tratamento.	Elabora escritos contra Dühring, discorrendo sobre a teoria marxista, publicados inicialmente no *Vorwärts!* e transformados em livro posteriormente.	É fundado o Partido Socialista do Povo na Rússia. Crise na Primeira Internacional. Morre Bakunin.
1877	Marx participa de campanha na imprensa contra a política de Gladstone em relação à Rússia e trabalha no Livro II de *O capital*. Acometido novamente de insônias e transtornos nervosos, viaja com a esposa e a filha Eleanor para descansar em Neuenahr e na Floresta Negra.	Conta com a colaboração de Marx na redação final do *Anti-Dühring* [*Herrn Eugen Dühring's Umwälzung der Wissenschaft*]. O amigo colabora com o capítulo 10 da parte 2 ("Da história crítica"), discorrendo sobre a economia política.	A Rússia declara guerra à Turquia.
1878	Paralelamente ao Livro II de *O capital*, Marx trabalha na investigação sobre a comuna rural russa, complementada com estudos de geologia. Dedica-se também à *Questão do Oriente* e participa de campanha contra Bismarck e Lothar Bücher.	Publica o *Anti-Dühring* e, atendendo ao pedido de Wolhelm Bracke feito um ano antes, publica pequena biografia de Marx, intitulada *Karl Marx*. Morre Lizzie.	Otto von Bismarck proíbe o funcionamento do Partido Socialista na Prússia. Primeira grande onda de greves operárias na Rússia.

Cronologia resumida de Marx e Engels

	Karl Marx	**Friedrich Engels**	**Fatos históricos**
1879	Marx trabalha nos Livros II e III de *O capital*.		
1880	Elabora um projeto de pesquisa a ser executado pelo Partido Operário francês. Torna-se amigo de Hyndman. Ataca o oportunismo do periódico *Sozial-Demokrat* alemão, dirigido por Liebknecht. Escreve as *Randglossen zu Adolph Wagners Lehrbuch der politischen Ökonomie* [Glosas marginais ao tratado de economia política de Adolph Wagner]. Bebel, Bernstein e Singer visitam Marx em Londres.	Engels lança uma edição especial de três capítulos do *Anti-Dühring*, sob o título *Socialismo utópico e científico* [*Die Entwicklung des Socialismus Von der Utopie zur Wissenschaft*]. Marx escreve o prefácio do livro. Engels estabelece relações com Kautsky e conhece Bernstein.	Morre Arnold Ruge.
1881	Prossegue os contatos com os grupos revolucionários russos e mantém correspondência com Zasulitch, Danielson e Nieuwenhuis. Recebe a visita de Kautsky. Jenny, sua esposa, adoece. O casal vai a Argenteuil visitar a filha Jenny e Longuet. Morre Jenny Marx.	Enquanto prossegue em suas atividades políticas, estuda a história da Alemanha e prepara *Labor Standard*, um diário dos sindicatos ingleses. Escreve um obituário pela morte de Jenny Marx (8 de dezembro).	Fundação da Federation of Labor Unions nos Estados Unidos. Assassinato do czar Alexandre II.
1882	Continua as leituras sobre os problemas agrários da Rússia. Acometido de pleurisia, visita a filha Jenny em Argenteuil. Por prescrição médica, viaja pelo Mediterrâneo e pela Suíça. Lê sobre física e matemática.	Redige com Marx um novo prefácio para a edição russa do *Manifesto Comunista*.	Os ingleses bombardeiam Alexandria e ocupam o Egito e o Sudão.
1883	A filha Jenny morre em Paris (janeiro). Deprimido e muito enfermo, com problemas respiratórios, Marx morre em Londres, em 14 de março. É sepultado no Cemitério de Highgate.	Começa a esboçar *A dialética da natureza* [*Dialektik der Natur*], publicada postumamente em 1927. Escreve outro obituário, dessa vez para a filha de Marx, Jenny. No sepultamento de Marx, profere o que ficaria conhecido como *Discurso diante da sepultura de Marx* [*Das Begräbnis von Karl Marx*]. Após a morte do amigo, publica uma edição inglesa do Livro I de *O capital*; imediatamente depois, prefacia a terceira edição alemã da obra e já começa a preparar o Livro II.	Implantação dos seguros sociais na Alemanha. Fundação de um partido marxista na Rússia e da Sociedade Fabiana, que mais tarde daria origem ao Partido Trabalhista na Inglaterra. Crise econômica na França; forte queda na Bolsa.
1884		Publica *A origem da família, da propriedade privada e do Estado* [*Der Ursprung der Familie, des Privateigentum und des Staates*].	Fundação da Sociedade Fabiana de Londres.
1885		Editado por Engels, é publicado o Livro II de *O capital*.	
1887		Karl Kautsky conclui o artigo "O socialismo jurídico", resposta de Engels a um livro do jurista Anton Menger, e o publica sem assinatura na *Neue Zeit*.	

Diferença entre a filosofia da natureza de Demócrito e a de Epicuro

	Karl Marx	Friedrich Engels	Fatos históricos
1889			Funda-se em Paris a II Internacional.
1894		Também editado por Engels, é publicado o Livro III de *O capital*. O mundo acadêmico ignorou a obra por muito tempo, embora os principais grupos políticos logo tenham começado a estudá-la. Engels publica os textos *Contribuição à história do cristianismo primitivo* [*Zur Geschischte des Urchristentums*] e *A questão camponesa na França e na Alemanha* [*Die Bauernfrage in Frankreich und Deutschland*].	O oficial francês de origem judaica Alfred Dreyfus, acusado de traição, é preso. Protestos antissemitas multiplicam-se nas principais cidades francesas.
1895		Redige uma nova introdução para *As lutas de classes na França*. Após longo tratamento médico, Engels morre em Londres (5 de agosto). Suas cinzas são lançadas ao mar em Eastbourne. Dedicou-se até o fim da vida a completar e traduzir a obra de Marx, ofuscando a si próprio e a sua obra em favor do que ele considerava a causa mais importante.	Os sindicatos franceses fundam a Confederação Geral do Trabalho. Os irmãos Lumière fazem a primeira projeção pública do cinematógrafo.

COLEÇÃO MARX-ENGELS

O 18 de brumário de Luís Bonaparte
Karl Marx

Anti-Dühring: a revolução da ciência segundo o senhor Eugen Dühring
Friedrich Engels

O capital: crítica da economia política, Livro I: O processo de produção do capital
Karl Marx

O capital: crítica da economia política, Livro II: O processo de circulação do capital
Karl Marx
Edição de **Friedrich Engels**

O capital: crítica da economia política, Livro III: O processo global da produção capitalista
Karl Marx
Edição de **Friedrich Engels**

Crítica da filosofia do direito de Hegel
Karl Marx

Crítica do Programa de Gotha
Karl Marx

Os despossuídos: debates sobre a lei referente ao furto de madeira
Karl Marx

Dialética da natureza
Friedrich Engels

Diferença entre a filosofia da natureza de Demócrito e a de Epicuro
Karl Marx

Esboço para uma crítica da economia política
Friedrich Engels

Escritos ficcionais: Escorpião e Félix / Oulanem
Karl Marx

Grundrisse: manuscritos econômicos de 1857-1858 – Esboços da crítica da economia política
Karl Marx

A guerra civil dos Estados Unidos
Karl Marx e **Friedrich Engels**

A guerra civil na França
Karl Marx

A ideologia alemã
Karl Marx e **Friedrich Engels**

Lutas de classes na Alemanha
Karl Marx e **Friedrich Engels**

As lutas de classes na França de 1848 a 1850
Karl Marx

Lutas de classes na Rússia
Karl Marx e **Friedrich Engels**

Manifesto Comunista
Karl Marx e **Friedrich Engels**

Manuscritos econômico-filosóficos
Karl Marx

Miséria da filosofia
Karl Marx

A origem da família, da propriedade privada e do Estado
Friedrich Engels

A sagrada família
Karl Marx e **Friedrich Engels**

A situação da classe trabalhadora na Inglaterra
Friedrich Engels

Sobre a questão da moradia
Friedrich Engels

Sobre a questão judaica
Karl Marx

Sobre o suicídio
Karl Marx

O socialismo jurídico
Friedrich Engels e **Karl Kautsky**

Últimos escritos econômicos
Karl Marx

Daguerreótipo das barricadas no Faubourg du Temple
na manhã de 25 de junho de 1848.

Publicado no primeiro semestre de 2018, 170 anos depois da insurreição de junho de 1848 em Paris, este livro foi composto em Palatino LT 11/14 e Optima 11/14 e reimpresso em papel Pólen Soft 80 g/m², pela gráfica Rettec para a Boitempo, em maio de 2022, com tiragem de 1500 exemplares.